西方韩国
研究丛书

既见半岛，也见世界

是什么缔造了汉江奇迹

What Made Korea's Rapid Growth Possible?

［韩］俞正镐 著

方菊 译

江苏人民出版社

图书在版编目(CIP)数据

是什么缔造了汉江奇迹/(韩)俞正镐著;方菊译. — 南京:江苏人民出版社,2024.1(2024.3重印)
(西方韩国研究丛书/刘东主编)
书名原文:What Made Korea's Rapid Growth Possible?
ISBN 978-7-214-28262-0

Ⅰ.①是… Ⅱ.①俞… ②方… Ⅲ.①经济增长-研究-韩国 Ⅳ.①F131.264

中国国家版本馆 CIP 数据核字(2023)第 148558 号

书　　　名	是什么缔造了汉江奇迹
著　　　者	[韩]俞正镐
译　　　者	方菊
责 任 编 辑	孟璐
装 帧 设 计	周伟伟
责 任 监 制	王娟
出 版 发 行	江苏人民出版社
地　　　址	南京市湖南路1号A楼,邮编:210009
照　　　排	江苏凤凰制版有限公司
印　　　刷	南京爱德印刷有限公司
开　　　本	890 毫米×1240 毫米　1/32
印　　　张	5.125　插页4
字　　　数	101 千字
版　　　次	2024 年 1 月第 1 版
印　　　次	2024 年 3 月第 2 次印刷
标 准 书 号	ISBN 978-7-214-28262-0
定　　　价	45.00 元

(江苏人民出版社图书凡印装错误可向承印厂调换)

What Made Korea's Rapid Growth Possible?, 1st Edition / by Jungho Yoo / ISBN: 978-1138801264

© 2020 Junho Yoo

Authorized translation from English language edition published by Routledge, a member of Taylor & Francis Group; All Rights Reserved.

本书原版由 Taylor & Francis 出版集团旗下 Routledge 出版公司出版，并经其授权翻译出版。 保留所有权利。

Jiangsu People's Publishing House is authorized to publish and distribute exclusively the Chinese (Simplified Characters) language edition. This edition is authorized for sale throughout Mainland China. No part of the publication may be reproduced or distributed by any means, or stored in a database or retrieval system, without the prior written permission of the publisher.

本书简体中文翻译版授权由江苏人民出版社独家出版并限在中国大陆地区销售，未经出版者书面许可，不得以任何方式复制或发行本书的任何部分。

Simplified Chinese edition copyright © 2023 by Jiangsu People's Publishing House. All rights reserved.

简体中文版权©2023 江苏人民出版社。 保留所有权利。

Copies of this book sold without a Taylor & Francis sticker on the cover are unauthorized and illegal.

本书贴有 Taylor & Francis 公司防伪标签，无标签者不得销售。

江苏省版权局著作权合同登记号：图字 10-2021-234 号

致我亲爱的妻子　仁媛(Inwon)

"西方韩国研究丛书"总序

  我对韩国研究的学术兴趣,是从数年之前开始萌生的。2019年11月初的一天,我有点意外地飞到了那里,去接受"坡州图书奖"的"特别奖",也当场发表了自己的获奖词,这就是那篇《坚守坐拥的书城》,后来也成了我一本文集的标题。而组织者又于颁奖的次日,特地为我个人安排了观光,让我有机会参观了首尔,观摩了市中心的巨大书店,观摩了韩国的历史博物馆,也观摩了光化门和青瓦台。我还在那尊"大将军雕像"下边——后文中还会提起这位将军——抖擞起精神留了一个影,而此后自己的微信头像,都一直采用着这幅照片。

  当然,只这么"走马观花"了一遭,肯定还留有很多"看不懂"的。不过,既然生性就是要"做学问"的,或者说,生性就是既爱"学"又好"问",从此就在心头记挂着这些问题,甚至于,即使不能马上都给弄明白,或者说,正因为不能一下子都弄明白,反而就更时不时地加以琢磨,还越琢磨就越觉出它们的重要——比如,简直用不着让头脑高速运转,甚至于闭着眼睛也能想到,它向自己提出了下述各组问题:

· 韩国受到了儒家文化的哪些影响,这在它的发展过程中起到过什么作用?而它又是如何在这样的路径依赖下,成功地实现了自己的现代化转型?

· 作为曾经的殖民地,韩国又受到了日本的哪些影响?而它又是如何保持了强烈的民族认同,并没有被外来的奴化教育所同化?

· 尤其到了二战及其后,韩国又受到了美国的哪些影响?而它又是如何既高涨着民间的反美情绪,又半推半就地加入了"美日韩"的同盟?

· 韩国这个曾经的"儒家文化圈"的成员,何以会在"西风东渐"的过程中,较深地接受来自西方的传教运动?与此同时,它的反天主教运动又是如何发展的?

· 韩国在周边列强的挤压下,是如何曲折地谋求着生存与发展的?而支撑这一点的民族主义思潮,又显现了哪些正面和负面的效应?

· 韩国在如此密集的外部压强下,是如何造成了文化上的"多元"?而这样的文化是仍然不失自家的特色,还是只表现为芜杂而断裂的拼贴?

·韩国社会从"欠发达"一步跃上了"已发达",是如何谋求"一步登天"的高速起飞的?而这样的发展路径又有哪些可资借鉴之处?

·由此所造成的所谓"压缩性"的现代化,会给韩国的国民心理带来怎样的冲击?而这种冲击反映到社会思想的层面,又会造成什么样的特点或烙印?

·韩国在科学研究与技术创新方面,都有什么独特的经验与特长?而它在人文学术和社会科学方面,又分别显示了哪些成就与缺失?

·在这种几乎是膨胀式的发展中,韩国的社会怎样给与相应的支撑?比如它如何应对工具理性的膨胀,如何应对急剧扩张的物质欲望?

·传统与现代的不同文化因子,在韩国社会是如何寻求平衡的?而个人与现代之间的微妙关系,在那里能不能得到有效的调节?

·家庭文化在韩国的现代化进程中,起到了哪些正面和负面的作用?而父权主义和女权主义,又分别在那里有怎样的分裂表达?

·政党轮替在韩国社会是怎样进行的,何以每逢下台总要面临严酷的清算?而新闻媒体在如此对立的党争之下,又如何发挥言论自由的监督作用?

·这样的发展模式会不会必然招致财阀的影响？而在财富如此高度集中的情况下，劳资之间的关系又会出现什么样的特点？

·韩国的利益分配是基于怎样的体制？能否在"平等与效率"之间谋求起码的平衡，而它的社会运动又是否足以表达基本的民意？

·韩国的西洋古典音乐是否确实发达，何以会产生那么多世界级的名家？而它的电影工业又是如何开展的，以什么成就了在世界上的一席之地？

·韩国的产品设计是如何进行的，为什么一时间会形成风靡的"韩流"？而它的整容产业又何以如此发达，以致专门吸引出了周边的"整容之旅"？

·韩国的足球何以会造成别国的"恐韩症"？而韩国的围棋又何以与中日鼎足为三，它们在竞技上表现出的这种拼搏的狠劲和迅捷的读图能力，有没有体质人类学上的根据？

·韩国是否同样极度注重子女的教育，从而向现代化的高速起飞，源源地提供了优质的劳动力？而它的教育体制为了这个目的，又是如何对资源进行疏导和调配的？

·韩国如何看待由此造成的升学压力？而它眼下举世最低的人口出生率，跟这方面的"内卷"有没有直接关联？

·韩国如何应对严峻的老龄化问题，又如何应对日益紧迫的生态压力?而由此它在经济的"可持续发展"方面,遭遇到了怎样的挑战与障碍?

·作为一个过去的殖民地,韩国如何在当今的世界上定位自己?而作为一个已然"发达"的国家,即使它并未主动去"脱亚入欧",是否还自认为属于一个"亚洲国家"?

·置身于那道"三八线"的南侧,国民心理是否会在压力下变形?而置身于东亚的"火药桶"正中,国家是否还能真正享有充分的主权?

·最后的和最为重要的是,韩国对于它周边的那些个社会,尤其是对于日益强大的中国,到底会持有怎样的看法、采取怎样的姿态?

一方面自不待言,这仍然只是相当初步的印象,而要是再使劲地揉揉眼睛,肯定还会发现更多的、隐藏更深的问题。可另一方面也不待言,即使只是关注到了上述的问题,也不是仅仅用传统的治学方面,就足以进行描述与整理、框定与解释的了。——比如,如果只盯住以往的汉文文献,就注定会把对于韩国的研究,只简单当成了"传统汉学"的一支,而满足于像"韩国儒学史""域外汉学"那样的题目。再比如,如果只利用惯常的传统学科,那么在各自画地为牢的情况下,就简直不知要调动哪些和多少学科,才足以把握与状摹、研究与处理这些林林总总的问题了。

所幸的是,我们如今又有了一种新的科目——"地区研究",而且它眼下还正在风行于全国。这样一来,在我们用来治学的武器库中,也就增添了一种可以照顾总体的方法,或者说,正因为它本无故步自封的家法,就反而能较为自如地随意借用,无论是去借助于传统的人文学科,还是去借助于现代的社会科学,更不要说,它还可以在"人文"与"社科"之间,去自觉地鼓励两翼互动与齐飞,以追求各学科之间的互渗与支撑,从而在整体上达到交融的效果——正如我已经在各种总序中写过的:

> 绝处逢生的是,由于一直都在提倡学术通识、科际整合,所以我写到这里反而要进一步指出,这种可以把"十八般武艺"信手拈来的、无所不用其极的治学方式,不仅算不得"地区研究"的什么短处,倒正是这种治学活动的妙处所在。事实上,在画地为牢、故步自封的当今学府里,就算是拥有了哈佛这样的宏大规模和雄厚师资,也很少能再在"地区研究"之外找到这样的中心,尽管它在一方面,由于要聚焦在某个特定的"领域",也可以说是有其自身的限制,但在另一方面,却又为来自各个不同系科的、分别学有专攻的教授们,提供了一个既相互交流、又彼此启发的"俱乐部"。——正因为看到了它对"学科交叉"的这种促进,并高度看重由此带来的丰硕成果,我才会在以往撰写的总序中指出:"也正是在这样的理解中,'地区研究'既将会属于人文学科,也将会属于社会科学,却还可能更溢出了上述学

科,此正乃这种研究方法的'题中应有之意'。"

(刘东:《地区理论与实践》总序)

正是本着这样的学科意识,我才动议把创办中的这套丛书,再次落实到江苏人民出版社这边来——这当然是因为,长达三十多年的紧密合作,已经在彼此间建立了高度的信任,并由此带来了融洽顺手的工作关系。而进一步说,这更其是因为,只有把这套"西方韩国研究丛书",合并到原本已由那边出版的"海外中国研究丛书"和"西方日本研究丛书"中,才可能进而反映出海外"东亚研究"的全貌,从而让我们对那一整块的知识领地,获得高屋建瓴的,既见树木、也见森林的总体了解。

当然,如果严格地计较起来,那么不光是所谓"东亚",乃至"东北亚"的概念,就连所谓"欧亚大陆"或者"亚欧大陆"的概念,都还是值得商榷的不可靠提法。因为在一方面,中国并非只位于"亚洲"的东部或东北部,而在另一方面,"欧洲"和"亚洲"原本也并无自然的界线,而"欧洲"的幅员要是相比起"亚洲"来,倒更像印度那样的"次大陆"或者"半岛"。可即使如此,只要能警惕其中的西方偏见与误导,那么,姑且接受这种并不可靠的分类,也暂时还能算得上一种权宜之计——毕竟长期以来,有关中国、日本、韩国的具体研究成果,在那边都是要被归类于"东亚研究"的。

无论如何,从长期的历史进程来看,中国跟日本、韩国这样的近邻,早已是命运密切相关的了。即使是相对较小的朝鲜半岛，也时常会对我们这个"泱泱大国"，产生出始料未及的、具有转折性的重大影响。正因为这样，如果不是只去关注我们的"内史"，而能左右环顾、兼听则明地，充分利用那两个邻国的"外史"，来同传统的中文史籍进行对照，就有可能在参差错落的对映中，看出某些前所未知的裂缝和出乎意料的奥秘。陈寅恪在其《唐代政治史述论稿》的下篇，即所谓《外族盛衰之连环性及外患与内政之关系》中，就曾经发人省醒地演示过这种很有前途的路数，尽管当时所能读到的外部材料，还无法在这方面给与更多的支持。而美国汉学家石康（Kenneth M. Swope），最近又写出了一本《龙头蛇尾：明代中国与第一次东亚战争，1592—1598》，也同样演示了这种富含启发的路数。具体而言，他是拿中国所称的"万历朝鲜战争"，和朝鲜所称的"壬辰倭乱"——前述那尊李舜臣的"大将军雕像"，在那边正是为了纪念这次战争——对比了日本所称的"文禄庆长之役"，从而大量利用了来自中文的历史记载，并且重新解释了日本的那次侵朝战争，由此便挑战了西方学界在这方面的"日本中心观"，也即只是片面地以日文材料作为史料基础，并且只是以丰臣秀吉作为叙事的主角。

更不要说，再从现实的地缘格局来看，在日益变得一体化的"地球村"中，这些近邻跟我们的空间距离，肯定又是越来越紧凑、挤压了。事实上，正是从东亚地区的"雁阵起飞"中，我们反而可以历历在目地看到，无论是日本，还是"四小龙"与"四小虎"，它们在不同阶段的次第起飞、乃至于中国大陆的最终起飞，在文化心理方面都有着同构关系。正如我在一篇旧作中指出的：

> 从传统资源的角度看,东亚几小龙的成功经验的确证明;尽管一个完整的儒教社会并不存在"合理性资本主义"的原生机制,但一个破碎的儒教社会却对之有着极强的再生机制和复制功能。在这方面,我们的确应该感谢东亚几小龙的示范。因为若不是它们板上钉钉地对韦伯有关中国宗教的研究结论进行了部分证伪,缺乏实验室的社会科学家们就有可能老把中国现代化的长期停滞归咎于传统。而实际上,无论从终极价值层面上作何判定,中国人因为无神论发达而导致的特有的贵生倾向以及相应的伦理原则,作为一种文化心理势能却极易被导入资本主义的河床。不仅东亚的情况是这样,东南亚的情况也同样证明,华人总是比当地人更容易发财致富。
>
> (刘东:《中国能否走通"东亚道路"》)

——而由此便可想而知,这种在地缘上的紧邻关系和文化上的同构关系,所蕴藏的意义又远不止于"起飞阶段";恰恰相反,在今后的历史发展中,不管从哪一个侧面或要素去观察,无论是基于亚洲与欧洲、东亚与西方的视角,还是基于传统与现代、承认与认同的视角,这些社会都还将继续显出"异中之同"来。

有意思的是,正当我撰写此篇序文之际,杭州也正在紧锣密鼓地举办着延期已久的亚运会;而且,还根本就用不着多看,最终会高居奖牌"前三甲"的,也准保是东亚的"中日韩",要不就

是"中韩日"。——即使这种通过竞技体育的争夺,顶多只是国力之间的模拟比拼,还是让我记起了往昔的文字:

> 我经常这样来发出畅想:一方面,由于西方生活方式和意识形态的剧烈冲击,也许在当今的世界上,再没有哪一个区域,能比我们东亚更像个巨大的火药桶了;然而另一方面,又因为长期同被儒家文化所化育熏陶,在当今的世界上,你也找不出另一方热土,能如这块土地那样高速地崛起,就像改变着整个地貌的喜马拉雅造山运动一样——能和中日韩三国比试权重的另一个角落,究竟在地球的什么地方呢?只怕就连曾经长期引领世界潮流的英法德,都要让我们一马了!由此可知,我们脚下原是一个极有前途的人类文化圈,只要圈中的所有灵长类动物,都能有足够的智慧和雅量,来处理和弥合在后发现代化进程中曾经难免出现的应力与裂痕。
>
> (刘东:《"西方日本研究丛书"总序》)

那么,自己眼下又接着做出的,这一丁点微不足道的努力,能否算是一种真正的现实贡献呢?或者说,它能否在加强彼此认知的情况下,去增进在"中日韩"之间的相互了解,从而控制住积聚于"东亚"的危险能量,使之能不以悲剧性的结局而收场,反而成为文明上升的新的"铁三角"?我个人对此实在已不敢奢想了。而唯一敢于念及和能够坚守住的,仍然只在于自己的内心与本心,在于它那种永无止境的"求知"冲动,就像我前不久就此坦承过的：

> 真正最为要紧的还在于，不管怎么千头万绪、不可开交，预装在自家寸心中的那个初衷，仍是须臾都不曾被放下过，也从来都不曾被打乱过，那就是一定要"知道"、继续要"知道"、永远要"知道"、至死不渝地要"知道"！
>
> （刘东：《无宗教而有快乐·自序》）

所以，不要去听从"便知道了又如何"的悲观嘲讽，也不要去理睬"不务正业"或"务广而荒"的刻板批评。实际上，孔子所以会对弟子们讲出"君子不器"来，原本也有个不言自明的对比前提，那就是社会上已然是"小人皆器"。既然这样，就还是继续去"升天入地"地追问吧，连"只问耕耘，不问收获"的宽解都不必了——毕竟说到最后，也只有这种尽情尽兴的追问本身，才能让我们保持人类的起码天性，也才有望再培养出经天纬地、顶天立地的通才。

刘　东
2023 年 10 月 1 日
于余杭绝尘斋

目　录

前　言　　　　　　　　　　　　　　　　　　　　　001

第一章　20 世纪 50 年代的经济与政策　　　　　　　001
　　第一节　韩国经济　　　　　　　　　　　　　　001
　　第二节　20 世纪 50 年代的汇率政策　　　　　　006
　　第三节　外汇管制与多元汇率　　　　　　　　　010
　　第四节　20 世纪 50 年代的贸易政策　　　　　　013

第二章　20 世纪 60 年代和 70 年代的快速出口扩张　017
　　第一节　出口快速扩张的开始　　　　　　　　　018
　　第二节　贸易和汇率政策　　　　　　　　　　　023
　　第三节　出口快速扩张如何开始　　　　　　　　032
　　第四节　出口成功与出口促进　　　　　　　　　035
　　第五节　出口促进及其影响　　　　　　　　　　037

| | 附　录 | 044 |

第三章　韩国经济的转型　　050

	第一节	快速增长和产业结构变化	050
	第二节	驱动力	055
	第三节	资本积累	061
	附　录		070

第四章　20世纪70年代的产业政策　　077

	第一节	重化工业政策的背景	078
	第二节	重化工业驱动的政策措施	082
	第三节	重化工业驱动和资源分配	087
	第四节	对经济的影响	091
	附　录		100

第五章　世界市场规模与工业化步伐　　104

	第一节	世界市场的规模至关重要	104
	第二节	世界市场规模的影响	106
	第三节	产业结构升级	116
	附　录		122

第六章　结束语　　127

参考文献　　132

前　言

韩国是20世纪60年代初世界上最贫穷的国家之一:土地面积小、自然资源少、耕地只占20%、人口密度在1 000万及以上的国家中排名第三、当时的科学技术水平远远落后于其他国家。20世纪90年代末,韩国成为"富国俱乐部"——经济合作与发展组织(Organisation for Economic Co-operation and Development,OECD)的成员国;2017年,韩国是世界第十四大经济体和第五大出口国。因此,韩国对许多发展中国家来说既是希望又是挑战。如果韩国成功了,其他国家没有理由不能。

然而,是什么让韩国经济快速增长成为可能? 特别是在政府角色方面,这仍然是未解之谜。对于或多或少影响到经济中所有行业和经济主体的宏观政策,人们已经达成广泛的共识。韩国政府提供了宏观经济的稳定,对基础设施和人力资本进行了投资,并在其经济政策中保持了外向型,等等,其作用对于经济的快速增长和工业化是不可或缺的。然而,对于涉及不同行业(和/或公司)的行业层面政策的影响,存在着截然不同的观点,这可能被称为对市场的"干预"。

韩国国内外许多人认为:这种干预政策是经济快速增长和工业化的关键原因。事实上,韩国的发展经验常常被描述为"政府主导"。干预政策是韩国快速增长和工业化的主要原因吗?如果不是,主要原因是什么?这就是本书要处理的问题。本书不打算对韩国的经济发展进行全面研究,也并未讨论宏观经济层面的政策或其影响。本书的焦点很明确:主要考察20世纪50年代的汇率政策以及20世纪60年代和70年代的贸易和工业政策的影响,以确定韩国的增长经验是否证实了干预政策是经济快速增长的驱动力这一普遍认知。

关于这个问题,我自己的研究结果指向世界市场的规模。韩国在20世纪60年代初开始工业化,而当时世界市场的规模是1820年欧洲经济体第一次工业革命中期的100倍。由于世界市场规模的差异,国际贸易在韩国经济增长和工业化过程中所起的作用要比在欧洲国家的增长和工业化中大得多。当然,不管世界市场有多大,一个国家如果不从事国际贸易,就无法从国际贸易中受益。

第一章｜20世纪50年代的经济与政策

第一节　韩国经济

1945年第二次世界大战结束,日本投降,结束对朝鲜的殖民统治。美国和苏联以北纬38度线(三八线)为界,分别进驻南方和北方,自此朝鲜半岛被一分为二。1948年朝鲜民主主义人民共和国(简称朝鲜)政府和大韩民国(简称韩国)政府分别在北方和南方成立;1950年,朝鲜战争爆发;1953年,停战协定签订。①

在南北分治阶段,大约三分之二的人口(1 700万)居住在朝鲜半岛南方,三分之一的人口(890万)居住在半岛北方。1945年至1949年间,由于海外朝鲜人(日本141万,中国东北62万)和半岛北方的难民(46万)大规模返回,韩国人口增加了248万。北方面积(12万平方千米)略大于南方(10万平方千米),南、北方的耕地面积均约占本国国土面积的20%。南方耕地中的60%为稻田,其余为旱田;而在北方,23.5%是稻田,其余是旱田。

---

① 本章中的事实信息援引自 Frank, Kim, and Westphal(1975), Kim and Westphal (1976),以及 Kim and Roemer(1979)。

朝鲜半岛的大部分矿产资源都位于北方,而且北方的发电量占比高达92%。整个半岛的制造业规模较小,南方和北方的产业结构互补性很强。重工业多在北,轻工业多在南。1940年,北方生产的金属产品约占全国总产量的90%,化工产品占83%;而南方生产了85%的纺织品、72%的机械和64%的加工食品。根据1940年的统计,南方的"商品净产值"(定义为农业、林业、渔业、矿业和制造业的净产值,不包括重复计算[1])总量略大于北方。然而,按人均计算,北方的商品净产值则比南方高60%,因为南方的人口是北方的两倍。[2]

在日本35年的统治下,朝鲜经济一直由日本公司、资本和技术人员主导。20世纪30年代末,日本居民只占朝鲜总人口的3%。然而,日本控制了全部5 413家企业的58%,占所有企业实收资本的89%,这意味着日本企业实收资本平均比韩国企业高近6倍。1944年,在制造业、建筑业和公用事业中,日本的工程技术人员占80%。

1945年的解放意味着朝鲜经济与日本经济集团的突然分离以及国家的分裂,经济混乱紧随而来。第二年,南方的制造业企业数量减少了一半,制造业就业人数减少了60%。此外,解放前后,货币供应量不受控制地扩张,造成了严重的粮食短缺和通货膨胀。"从1945年6月到1949年6月,首尔零售价格指数增长

---

[1] 见 Kim and Roemer(1979),第8—9页。
[2] 见 Kim and Roemer(1979),第23页,表格12。

了约 123 倍。"①

1948年，北方最终彻底切断了对南方的供电，顿时造成南方严重的电力短缺。朝鲜战争于1950年6月爆发，1953年结束。战争中约有100万平民伤亡，其中13.7万名韩国士兵和4万名联合国士兵阵亡。据估计，战争给韩国造成的损失相当于1953年一年国民生产总值(gross national product, GNP)的86%。②

关于解放后的几年和朝鲜战争期间韩国经济的统计数据很少，也没有国民收入估算。1953年，也就是朝鲜战争结束的那一年，首次出现统一的国民收入账户数据。其后至1957年为经济复苏时期，经济增长较快。后来，主要是因为一项强制性的金融稳定计划，经济增长率从1958年的6.1%下降到1959年的4.6%和1960年的1.8%。统计数据表明，"1953年的商品净产值比1940年下降了27%左右"③。如果1953年国民生产总值与商品净产值的比率与1940年相同，那么1953年的国民生产总值也一定比1940年下降了27%。如此，国民生产总值以表1.1所示的速度增长，则1961年国民生产总值首次略高于1940年的水平，这意味着韩国错失20年的经济增长。

---

① 见 Kim and Roemer(1976)，第30页。
② 见 Kim and Roemer(1979)，第31页。
③ 见 Kim and Roemer(1979)，第36页，书中补充说明："……该比较仅大致说明期间商品净产值的变化幅度。"

表 1.1 1954—1970 年增长率与通货膨胀率

单位:%

年份	国民生产总值	批发价格指数	首尔消费者物价指数
1954	6.0	n.a.	n.a.
1955	6.3	n.a.	n.a.
1956	1.3	31.7	23.0
1957	7.2	16.1	23.2
1958	6.1	-6.1	-3.6
1959	4.6	2.3	3.2
1960	1.8	10.8	8.1
1961	4.8	13.2	8.2
1962	3.5	9.4	6.6
1963	9.1	20.6	20.6
1964	8.3	34.6	29.6
1965	7.4	10.0	13.5
1966	13.4	8.9	12.0
1967	8.9	6.4	10.9
1968	12.6	8.1	11.2
1969	15.0	6.8	10.0
1970	7.9	9.2	12.7

资料来源:韩国银行(Bank of Korea)《经济统计年鉴》(*Economic Statistics Yearbook*),1965、1970、1972。

注:国民生产总值的增长率是作者根据不同时期不变价格下的国民生产总值的估计得出:1954—1963 年使用 1960 年的韩元价格,1964—1968 年使用 1965 年的韩元价格,1969—1970 年使用 1970 年的韩元价格。批发物价指数和首尔消费者物价指数的通货膨胀率由作者从相应的物价指数得出。n.a.=无数据。

当时对外贸易对韩国经济并不重要。从解放到朝鲜战争结束,只存在一些易货贸易,私人对外贸易几乎不存在。政府是钨或人参等产品的主要出口方。如表1.2所示,20世纪50年代后半期,年均出口总额约2 000万美元,主要是出口农产品、水产品和矿产品。年均进口总额约为3.7亿美元,其中约80%是外援,主要是来自美国的救济,如粮食、煤炭、石油、纺织品、化肥等,意在为民众提供生计,恢复基本经济功能。20世纪50年代,贸易账户一直处于巨额赤字。商品出口仍然不到国民生产总值的1%。自1950年朝鲜战争爆发以来,援助一直是通过多边渠道提供的,例如通过韩国民事救济署(Civil Relief in Korea,CRIK)和联合国韩国重建署(United Nations Korea Reconstruction Agency,UNKRA),其援助大多来自美国。

表1.2　1945—1963年商品出口、进口和援助

单位:百万美元

年份	出口	进口	援助	外汇储备
1945			4.9	
1946			49.5	
1947			175.4	
1948			179.6	
1949			116.5	
1950			58.7	
1951			106.5	
1952	27.7	214.2	161.3(75.3)	n.a.

续表

年份	出口	进口	援助	外汇储备
1953	39.6	345.4	194.2（56.2）	109.0
1954	24.2	243.3	153.9（63.3）	108.0
1955	18.0	341.4	236.7（69.3）	96.0
1956	24.6	386.1	326.7（84.6）	99.0
1957	22.2	442.2	382.9（86.6）	116.0
1958	16.5	378.2	321.3（85.0）	146.0
1959	19.8	303.8	222.2（73.1）	147.0
1960	32.8	343.5	245.4（71.4）	157.0
1961	40.9	316.1	199.2（63.0）	207.0
1962	54.8	421.8	232.3（55.1）	169.0
1963	86.8	560.3	216.4（38.6）	131.0

资料来源：韩国银行《经济统计年鉴》，1960、1970。

注：由于无法获得一致的统计数据，因此未显示1951年及以前年份的进出口情况。括号中的数字是援助占总进口的百分比。外汇储备包括黄金持有量。

本章的其余部分简要回顾20世纪50年代政府的汇率和贸易政策，作为下一章的背景材料。下一章将讨论1961年外汇制度的重大改革，以及韩国出口的快速扩张如何开始并持续到下一个十年。

第二节　20世纪50年代的汇率政策

本小节讨论20世纪50年代韩元与美元汇率的演变。韩元兑美元汇率开始于"1945年10月设定15韩元兑1美元,相当于日元对美元的汇率"①。该汇率主要用于结算美国军事政府对私营行业的债务和其他小额交易。它与贸易关系不大,因为当时几乎不存在私人对外贸易。然后,1950年7月,朝鲜战争爆发后不久,韩美两国政府达成协议,帮助联合国派遣部队到朝鲜半岛执行任务。根据该协议——通常被称为"韩元预付协议"②,韩国政府将向联合国军司令部(United Nations Command, UNC)预付韩元,用于其在韩国的支出,这笔钱将以美元偿还。③

该协议决定了接下来的十年中汇率政策的方向。在整个20世纪50年代,尽管通货膨胀严重,但官方汇率一直保持在低位,货币贬值被尽可能地推迟,这显然是为了在一定数额的韩元预付款下最大限度地增加美元收入。韩元兑美元汇率越低,收到的美元金额就越大。由此获得的美元是朝鲜战争期间最重要的外汇来源。④ 在该协议之前,金融管理局显然担心韩元因通货膨胀而被过高估值。例如,在朝鲜战争爆发之前,韩国引入并且一直运行着招标体系。记录显示,从1948年8月韩国政府成立到

---

① 汇率以当前韩元表示,韩国货币自那以后进行了两次货币改革:1953年100∶1和1961年10∶1,见Frank, Kim, and Westphal(1975),第28页。
② 正式名称为《美国政府和大韩民国政府关于联合国会员国武装部队总司令指挥下部队支出的协定》,见Frank, Kim, and Westphal(1975),第28页。
③ 本节大量信息引自韩国银行(1960)。
④ "这一来源的外汇在1952年达到6 200万美元,1953年为1.22亿美元,分别占当年外汇总收入的62%和70%",见Frank, Kim, and Westphal(1975),第28页。

1950年7月韩元预付协议签订的两年内,韩元发生了四次贬值。而自1960年2月协议签订以来的十年中,只有四次货币贬值。①

韩元预付协议是两国政府之间冲突的根源。从美国的角度来看,用于赎回的官方汇率低得不切实际。例如,1950年11月1日,官方汇率为2.5韩元兑1美元,场外交易市场汇率为3.42韩元兑1美元;1951年11月10日,官方汇率为6.0韩元兑1美元,而场外交易市场汇率为18.21韩元兑1美元。② 另一方面,韩国政府担心韩元预付款导致货币供应量增加,从而引发通货膨胀。美国推迟了韩元预付款的美元支付:第一笔韩元预付款于1950年7月支付,而美国在1951年10月首次部分偿还韩元预付款,直到1952年5月才全部偿还。与此同时,在协议签订后的一年内,货币供应量增加了4倍,釜山(朝鲜战争期间的临时首都)的消费价格上涨了大约5倍。③ 在这种情况下,低汇率被认为是控制通货膨胀的有效工具,因为通过偿还的美元增加进口,可以增加总供给。而在战时通过生产来增加总供给几乎是不可能的。

韩国政府和美国政府于1953年12月就官方汇率达成协议,这是朝鲜战争爆发以来的首次,汇率定为18韩元兑1美元。但是很快,通货膨胀、出口前景恶化、对日双边贸易逆差上升以

---

① 韩国银行(1960)。
② 见 Frank, Kim, and Westphal(1975),第30—31页,表3.1。
③ 韩国银行(1960),第15页。

及美国撤军传闻都威胁到了这一汇率。1954年8月,市场利率徘徊在50韩元兑1美元,美国政府要求提高汇率。但两国政府未能达成协议,美国政府就推迟了美元还款。作为回应,韩国政府于1954年10月停止了韩元预付款,美国政府则停止了民用石油产品的供应。1954年11月11日,一项协议打破了僵局:联合国军司令部将通过拍卖美元获得韩元,而官方汇率保持不变,仍为18韩元兑1美元。

很快,投标价格就超过了官方汇率。1955年8月,韩元兑美元汇率达到72.9。最终两国政府同意官方汇率为50韩元兑1美元,自1955年8月起生效。这一次,双方决定停止投标,美国以官方汇率将美元出售给韩国银行,未来将参考首尔批发价格指数确定汇率,以1955年9月为基准期。如果物价指数比基准期上升或下降25%以上,官方利率将上升或下降。

经过一段相对较长的价格稳定期,商品批发价格指数从1955年的100涨到了1959年的130.2。1960年1月,美国政府提出磋商要求,但韩国政府希望推迟。于是,美国驻首尔大使馆于1月29日单方面决定使用65韩元兑1美元的内部汇率,这比当时的汇率高出30%。韩国政府在与国际货币基金组织(International Monetary Fund,IMF)协商后,于1960年2月宣布了65韩元兑1美元的新汇率。

1960年4月的学生革命在不到两个月的时间里推翻了李承晚(Syngman Rhee)政府,这是独立以来的第一届政府。因为此事,韩美两国政府之间的官方援助和经济合作关系(不包括军事援助)暂时中断。在同年两国关系恢复之际,美国政府建议提高汇率,于是新当选的张勉(Chang Myon)政府于10月宣布新的100韩元兑1美元汇率,1961年1月1日起生效。第二个月,也就是1961年2月,新政府再次主动贬值韩元,将汇率提高到130韩元兑1美元,这是外汇制度重大改革的一部分。该改革废除了多重汇率,采用了统一汇率(将在下一章中讨论)。因此,韩元兑美元的汇率从1960年2月到1961年2月的一年时间里连续三次提高,从50韩元提高到130韩元,几乎消除了韩元的过高估值。

第三节 外汇管制与多元汇率

正如本章开头所指出,贸易账户在20世纪50年代一直处于巨额赤字,外汇短缺严重。20世纪50年代的后半段,出口极少,而进口大约是出口的18倍,而且大部分资金来自援助。此外,如前一节所述,政府在整个20世纪50年代中将官方汇率维持在不切实际的低水平,韩元仍然被高估。在平衡外汇需求和供应方面,官方汇率没有发挥价格变量的作用。因此,严格的外汇管制和极度复杂的汇率结构随之出现也就不可避免而且毫不奇怪了。

1950年6月成立的韩国银行负责管理外汇管制。该银行是唯一能够合法处理外汇交易的金融机构,所有私人持有的外汇都必须按照"外汇存款"的规定存入韩国银行。私人存款账户有三种不同类型：出口账户、一般账户和特殊账户。出口账户由直接从事进出口业务的个人或公司开立；一般账户主要由外国外交人员开立；未得到开立出口账户或一般账户授权的居民和非居民使用特别账户。1955 年 8 月，"进口账户"的引入对账户进行了合并，该种账户吸收了出口账户和特别账户，而一般账户则保持不变。

朝鲜战争结束后的几年里，外汇来源主要有两个：来自美国和联合国韩国重建署的援助和韩国政府持有的外汇。① 后者主要是由韩国政府收到的偿还韩元预付款的美元和政府出口钨、人参等的收益组成。这些资金必须分配给私人贸易商和进口原材料、投资品等的最终用户。由于官方汇率无法发挥价格变量的作用，所以就要采用各种办法分配外汇，一个复杂的多重汇率结构因而形成。

从 1952 年 12 月到 1954 年 7 月，政府持有外汇的分配方案是"特别外汇贷款"。它为进口总额的 45%（或私人进口总额的 75%）提供资金。该计划有两种贷款：第一种是根据出口业绩和原材料需求分配给出口商和原材料最终用户；第二部分分配给国内主要行业，用于资本货物进口。贷款到期时将以美元偿还，借款人需在韩国银行存入与贷款金额相等的韩元作为开户存款。用于这一目的的两种不同贷款的汇率并不相同。例如，从

---

① 联合国韩国重建署和美国的援助资助了大约 19 亿美元的进口，占 1953 年至 1960 年进口总额的 72%，见 Frank, Kim, and Westphal (1975)，第 29 页。

1952年11月到1953年朝鲜战争结束,适用于第一类贷款的汇率范围为15.5至29.6韩元兑1美元;而适用于第二类贷款的官方汇率为6.0韩元兑1美元。此外,适用于个人贷款的汇率也有所不同,这取决于使用美元进口的产品其国内价格与国外价格的比率。对所有产品实行同样的汇率,将意味着那些国内价格与国外价格之比较高的产品的进口商获得更大的利润,这会被视为一种"不公平"的特权。

从1954年10月到1955年8月,外汇分配采用竞争性招标的方式来进行。1954年的投标价格为46.1至69.3韩元兑1美元,而官方的投标价格为18韩元兑1美元;从1955年8月到1957年5月,用抽签的方式进行;从1957年5月到1958年8月,对招标制度加以改进,优先考虑那些以官方汇率存入韩元,并且愿意购买最多国债的人。1958年8月后,采用外汇税和投标相结合的制度。在这一制度下,所有人都需要缴纳15韩元兑1美元的基本税,而获得商业进口外汇的是那些支付高于基本税率的附加税最多的人,这是一种竞争性投标。

虽然私人出口的收益只占外汇总供应量的很小一部分,但仍有一个为出口商设置的单独的汇率,称为"转移汇率"。上述外汇存款制度要求所有私人持有的外汇都存入韩国银行。因此,出口商要在韩国银行拥有以外币计价的账户,并通过将账户余额转移到其他贸易商的账户来出售其外汇收入。这导致了"转移汇率"远远高于官方汇率。此外,汇率因赚取外汇的地点而异:"日本出口美元"即向日本出口的美元的转移汇率,高于向其他地区出口的

"其他出口美元"的转移汇率。来自日本的进口受到更严格的限制,因此更有利可图。只有在日本赚取的美元才被允许用于从日本进口商品,这是一项遏制对日巨额双边贸易逆差的政策措施。

第四节 20世纪50年代的贸易政策

在1948年韩国政府成立之前,美国军政府于1946年建立了进出口许可证制度。根据该制度,政府只需宣布可获得进口许可证的物品和禁止进口的物品。出口也受到控制,主要目的是阻止"基本商品"的出口和防止资本外逃。除由外国援助提供资金的货物外,所有货物的关税均按10%的统一税率征收。

一、 进口政策

1949年,新成立的韩国政府引入了进口配额制度。该制度规定了可以进口的物品种类和数量。1955年,一项贸易计划取而代之。在新计划下,可进口货物分为自动批准、限制进口和禁止进口三类。如果某些货物的国内生产足以满足国内需求,则禁止进口这些货物;如果国内生产不足,则允许但限制进口这些货物;商业和工业部有权允许进口违禁或限制物品。在20世纪50年代后半期,自动批准的项目(即未经政府事先批准即可进口的项目)所占比例始终远低于可进口项目总数的10%。

1950年,韩国政府改变了1946年制定的关税制度:一方面增加关税收入，另一方面鼓励国内生产。平均关税上升到40%，并引入了关税升级。关税税率从粮食谷物和非竞争性资本货物等基本商品的0%到奢侈品的100%以上不等。那些将与本土商品竞争的商品，其税率高于其他类别的商品。最终使用前不需要进一步加工的"成品"的税率，也高于需要在国内工厂进一步加工的"半成品"。

进口政策显然旨在保护和鼓励国内产业。事实上，它是20世纪50年代政府发展政策的一个组成部分，其目标是通过受保护的进口替代（import substitution）实现工业化。1952年，政府对电力、造船、金属加工、机械、化工、炼油、纺织、采矿和渔业等主要行业的资本货物进口实行免税。而直到20世纪70年代初，关税结构基本保持不变。

二、 出口促进措施

虽然贸易政策基本上是保护主义的，但政府在20世纪50年代采取了一系列措施促进出口，以应对严重的外汇短缺。1950年开始，政府建立了一项"出口信贷制度"（以前称为"贸易信贷制度"）。根据该制度，出口商在分配国内信贷时享有优先权；向他们发放的贷款不受季度信贷上限的约束，这是当时反通胀货币政策的一项措施。从1952年到1954年，出口商享有"特别外汇贷款优惠"，这是一项分配韩国政府所持外汇的方案（在上一小节中讨论过）。1951年"优惠出口制度"开始实施，又称"进出口联系制度"。所谓非必需品的出口商有权将其外汇收入的1%至10%(1953年后为4%至50%)用于进口受欢迎的物品,否则这些物品就无法进口。由于进口受到数量控制,进口许可证无疑意味着出口商收入的增加。该计划于1955年8月货币贬值时停止使用。[1]

1954年,政府为出口商提供了"直接补贴",但由于预算问题,第二年就停止了。1961年这一补贴重新发放,一直到1964年韩元大幅度贬值。[2] 1957年《贸易交易法》(Trade Transactions Law)规定的"贸易商许可证制度"实际上隐晦地鼓励出口,因为它要求贸易商的出口必须获得许可证,而且对出口商的要求比对进口商的要求更为宽松。[3] 1959年"关税豁免"被引入,适用于进口用于出口的原材料和中间产品,后来也包括用于出口的资本设备(1974年改为"退税")。[4]

参考文献

Bank of Korea, 1965, *Economic Statistics Yearbook*(《经济统计年鉴》), various issues. Seoul: The Bank of Korea.

Bank of Korea, Research Department, 1960, " Changes in Official

---

[1] 见 Kim and Westphal(1976),第42、59页。非必需产品包括海星、娃娃、漆器等。
[2] 见 Hong(1979),第49页。另见 Kim and Westphal(1976),第69页。
[3] 见 Frank, Kim, and Westphal(1975),第39页。
[4] 见 Kim and Westphal(1976),第64、70页。

Exchange Rate"(《官方汇率变化》),*Bank of Korea Research Monthly*(《韩国银行研究月刊》),December,Vol. 14,pp. 12 – 24 (in Korean).

Frank,Charles R. ,Jr. ,Kwang Suk Kim,and Larry E. Westphal,1975,*Foreign Trade Regimes and Economic Development*:*South Korea*(《韩国对外贸易制度与经济发展》),New York:National Bureau of Economic Research.

Hong, Wontack, 1979, *Trade, Distortions and Employment Growth in Korea*(《韩国的贸易、畸变与就业增长》),Seoul:Korea Development Institute.

Kim,Kwang Suk and Michael Roemer,1979,*Growth and Structural Transformation*(《增长与结构转型》),Cambridge,MA:Council on East Asian Studies,Harvard University.

Kim, Kwang Suk and Larry E. Westphal, 1976, *Korea's Foreign Exchange and Trade Regimes*(《韩国的外汇与贸易制度》),Seoul:KDI (in Korean).

第二章 | 20世纪60年代和70年代的快速出口扩张

韩国的商品出口在20世纪60年代初开始突然快速扩张，持续几十年。按实际价值计算，1963年至1969年的出口年均增长率为35.3%，20世纪70年代为25.4%。毫无疑问，出口的快速增长是经济快速增长的一个非常重要的原因，经济同期平均每年增长近10%。[①]

然而直到最近，出口迅速扩张的时间、方式和原因都还没有得到明确的解释。大多数关于韩国经济增长的早期研究倾向于将出口成功归因于始于20世纪60年代中期的政府出口促进政策。[②] 另一方面，自20世纪80年代末以来出现的研究，对出口成功、增长和全面工业化持不同观点。他们倾向于将成功归因于政府的产业政策，包括提供信贷补贴、税收激励、行政指导等。例如一位作者声称：阻碍韩国经济增长的协调失败是由政府干预所弥补，之后才有了投资繁荣和进口增长；得出的结论是：正

[①] 本章大量引用了Yoo(2017)。

[②] 最早的研究之一是Cole and Lyman(1971)，特别是第八章"经济政策模式"。此外，还有Frank, Kim, and Westphal(1975)、Kim(1975)、Hong and Krueger(1975)、Kim and Westphal(1976)以及Krueger(1979)等。

是进口的增长造就了出口扩张。[1]

本章讨论出口快速扩张如何开始并持续到 20 世纪 70 年代。本章将讨论的政策措施信息主要来自上述早期研究。本章还利用了公开发表的统计数据、著作和其他信息,并对细节进行了分析。"出口快速扩张的开始"一节确定了出口快速扩张的起始时间;"出口快速扩张如何开始"一节发现了 1961 年外汇制度重大改革开始的原因:该项改革废除了多元汇率,采用了一种统一而务实的汇率,这与早期研究以及上述提到的后期研究观点背道而驰;"出口成功与出口促进"一节讨论了出口促进政策是受出口快速扩张本身启发的证据;最后,"出口促进及其影响"一节讨论了政府的出口促进政策对出口的影响。

第一节 出口快速扩张的开始

要研究出口快速扩张如何以及为什么开始,首要任务是确定其什么时候开始。如果引起扩张的原因是政策或环境方面的变化,那么很明显要在变化开始之前找原因,而不是之后。试图确定一个国家出口扩张的开始时间可能听起来毫无意义,因为自古以来,区域间贸易和跨境贸易就一直存在。本节试图发现迄今为止韩国出口"快速"扩张的开始,并且这样做在韩国的经验中是非常有意义的,这一点毋庸置疑。为此,本节从不同角度

---

[1] 例如,见 Rodrik(1995)。

第二章 | 20世纪60年代和70年代的快速出口扩张

分析韩国的出口趋势。

首先要看的是1957年至1970年的商品出口总额。如表2.1所示,总额分为制成品和其他这两类,最后一列显示出口总额占国民生产总值的百分比。20世纪60年代,出口对经济的重要性急剧增加;20世纪50年代末,这一比例还不到国民生产总值的1%,到1970年则激增至10.2%。

乍一看表格,似乎1959年可以被视为出口快速扩张的第一年。因为在那一年,总出口开始以两位数的增长率增长。然而,这一年的增长是由于非制成品出口增长了25.5%,而且在随后的几年中再未出现。韩国随后几年的出口扩张所表现出的一个明显特征是由制成品出口带动。如表2.1所示,自1960年以来制成品出口一直比非制成品出口增长快得多。

表2.1 1957—1970年的商品出口

年份	出口总额/百万美元	制成品/百万美元	非制成品/百万美元	出口在国民生产总值占比/%
1957	22.2(-9.7)	4.1(66.6)	18.1(-18.2)	0.6
1958	16.5(-25.9)	2.6(-37.3)	13.9(-23.3)	0.6
1959	19.8(20.4)	2.4(-7.1)	17.4(25.5)	0.7
1960	32.8(65.7)	4.5(89.2)	28.3(62.5)	1.4
1961	40.9(24.5)	6.2(37.8)	34.6(22.4)	1.8
1962	54.8(34.1)	10.6(69.6)	44.2(27.5)	2.0
1963	86.8(58.4)	39.5(273.7)	47.3(6.6)	2.9
1964	119.1(37.2)	58.3(47.7)	60.7(28.9)	3.9

续表

年份	出口总额/ 百万美元	制成品/ 百万美元	非制成品/ 百万美元	出口在国民生 产总值占比/%
1965	175.1(47.1)	106.8(83.1)	68.3(12.5)	5.8
1966	250.3(43.0)	153.6(43.9)	96.7(41.6)	6.6
1967	320.2(27.9)	215.2(40.0)	105.1(8.7)	7.1
1968	455.4(42.2)	338.2(57.2)	117.2(11.6)	8.1
1969	622.5(36.7)	479.1(41.7)	143.4(22.3)	8.8
1970	835.2(34.2)	646.3(34.9)	188.9(31.8)	10.2

资料来源：韩国政府国家统计厅，韩国统计信息服务（Korean Statistical Information Service，KOSIS）在线信息服务网站，www.kosis.kr。

注：括号里的数字为按当前货币计算的年增长率。

那么，1960年是出口迅速扩张的第一年吗？如果以所有制成品出口作为确定开始时间的指南，那么答案是肯定的。然而，并不是所有种类的制成品都以同样的速度增长，只有一种特殊类型如此。从图2.1可以看出：制成品出口有两个分组：一个分组包括《国际贸易标准分类》（Standard International Trade Classification, SITC）的"化学品"（SITC 5）和"机械和运输设备"（SITC 7）；另一个分组包括"以材料分类的制成品"（SITC 6）和"杂项制成品"（SITC 8）。"SITC 6+8"子组主要由劳动密集型产品组成，而"SITC 5+7"子组主要由资本密集型产品组成，资本密集型产品也往往具有更为先进的生产技术。该图显示：SITC 6+8在总出口中的份额从1962年的10%左右迅速增长到1968年的近70%。毫无疑问，劳动密集型制造业在20世纪60年代引领了韩国出口的突然快速扩张。因此,1962 年可能被确定为出口迅速扩张的第一年。

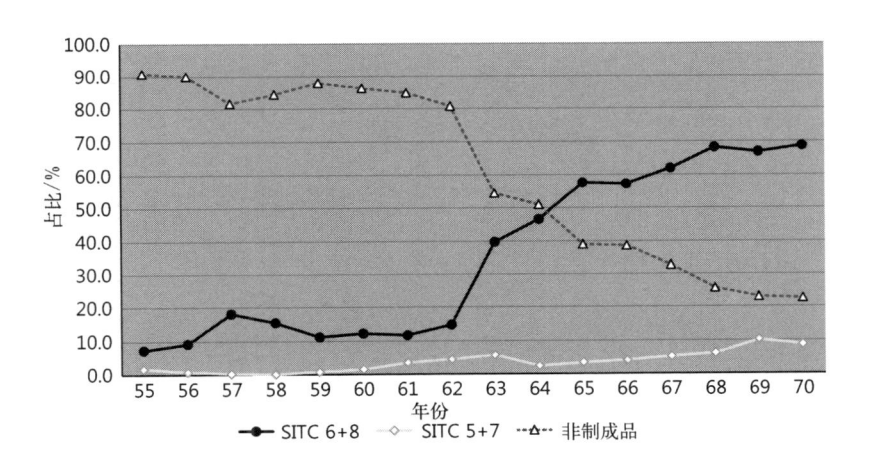

图 2.1 1955—1970 年的出口构成

资料来源:表 2.A1。

然而,还有另一个值得注意的特点:如本章附录表 2.A1 所示,新的出口项目出现在子集 SITC 6+8 中并导致了扩张。表中引人注目的是:截至 1960 年,除了棉织物和贴面板,属于 SITC 6+8 或更低级别的产品中出口实现两位数的几乎不存在。1961 年后这种情况突然改变了,新的出口项目开始出现在该分组中:1961 年是鞋类、旅行用品和服装;1962 年是人造花、合成纤维织物和伞类;1963 年是羊毛织物和假发。

表 2.2 显示:这些新项目的出口增长一旦开始,则速度远远

快于当时已有项目。从1961年到1965年，新项目的出口增长了900多倍，而所有其他项目的出口，即总出口减去新项目的出口，增长了3.5倍。到1970年，这些新项目的出口增加了9700倍，而所有其他产品的出口增加了12倍。最令人难以置信的例子是服装（SITC 84），其出口额从1961年的2 000美元增长到1970年的2.136亿美元，在9年内增长了10万多倍（见本章附录中的表2.A1）。按百分比计算，从1961年到1970年，所有其他项目的出口平均增长率约为31%，这是一个非常快速的增长，然而与新项目的增长相比，其增长速度是"蜗牛式的"。当然，新项目的爆炸性出口增长不可能无限期地持续下去。到1969年，新项目出口增长率逐渐放缓，接近所有其他项目的增长率。

表2.2 1960—1970年的新项目出口

单位：百万美元

	1961	1962	1963	1964	1965	……	1970	比率 (1965/ 1961)	比率 (1970/ 1961)
新项目	36 (0.09)	1 398 (2.55)	5 984 (6.89)	9 678 (8.13)	32 590 (18.6)	……	349 205 (41.8)	905.3	9 700.1
所有其他项目	40 842	53 415	80 818	109 380	142 492	……	485 977	3.5	11.9

资料来源：表2.A1。

注："新项目"是1961年开始出现的鞋类、旅行用品和服装，1962年的合成纤维织物、伞类和人造花，1963年的羊毛织物和假发。"所有其他项目"的出口额是指出口总额减去新项目的出口额。括号中的数字是新项目在总出口额中所占的百分比。

正是这些新产品促成了 SITC 6+8 劳动密集型制造业出口的突然快速扩张。如表 2.2 所示:1961 年这些新产品出口额占总出口额的比例不到 0.1%,但到 1970 年,占比高达 42%。毫不夸张地说,韩国在 20 世纪 60 年代的快速出口扩张就是这些新项目的扩张。因此,将 1961 年作为韩国出口快速扩张的开始似乎是恰当的。

第二节 贸易和汇率政策

现在,出口快速扩张的开始时间已经确定,本节将研究官方贸易和汇率政策,以寻找出口开始扩张的原因。

一、保护主义进口政策

韩国的进口政策在 20 世纪 50 年代是保护主义的,是政府通过进口替代实现工业化发展战略的一个组成部分,在接下来的几十年中一直延续到 20 世纪 80 年代初贸易自由化真正开始的时候。[1] 图 2.2 对保护主义进口政策进行了图解总结,显示了从 1955 年到 20 世纪 80 年代中期未经政府事先批准即可进口的项目,其平均法定税率和自动批准(automatic-approval, AA)的百分比。

---

[1] 受保护的进口替代是 20 世纪 50 年代和 60 年代经济学界推荐的工业化标准政策。开放贸易制度的好处正是在东亚实行之后才开始得到业内人士的认可。见 Krueger(1997)。

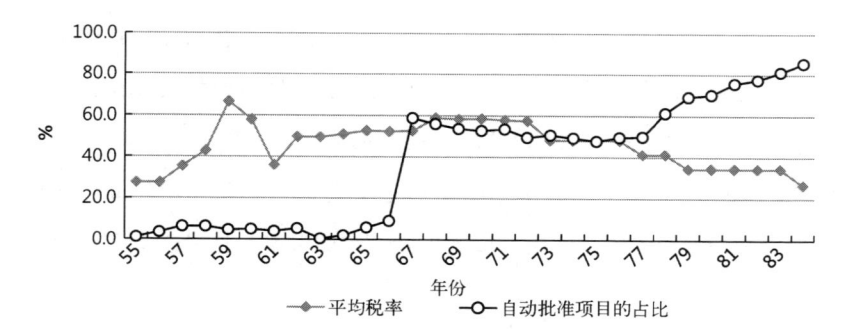

图 2.2　1955—1984 年进口政策图解总结
注：自动批准项目可在未经政府事先批准的情况下进口。
资料来源：表 2.A2。

直到 20 世纪 60 年代中期，自动批准项目产品还不到所有进口的 10%。自 1967 年韩国加入关税及贸易总协定（General Agreement on Tariffs and Trade, GATT）以来，这一比例迅速上升，但一直到 20 世纪 70 年代末始终保持在 60% 以下。在 20 世纪 60 年代和 70 年代的大部分时间里，平均法定税率一直在 50% 左右。此外，如前一章所述，关税升级已纳入关税体系，这反映了通过进口替代实现工业化的战略。

20 世纪 50 年代的保护主义进口政策很难促进出口迅速扩张。正如勒纳对称定理（Lerner's Symmetry Theorem）所表明的那样，对进口征收关税具有抑制出口的作用，因为它提高了受保护商品相对于出口商品的价格，从而使为国内市场生产的进口竞争商品比为国外市场生产的出口商品更有利可图。[1] 保护往往

---

[1] Lerner(1936).

通过提高在国内市场受保护的中间投入品价格来降低出口生产的附加值。进口限制通过其对外汇汇率的影响而产生额外的出口抑制效应:进口限制减少了进口需求,从而减少了外汇需求,因此降低了汇率、抑制了出口。

二、20世纪60年代初期的出口促进措施

如上所述,在20世纪50年代,发展战略基本上是通过进口替代实现工业化。然而,政府也尝试了各种出口促进措施以应对当时严重的外汇短缺。如前一章所述,20世纪50年代开始、60年代初仍然有效的措施是:出口信贷制度、免征商品税、对出口的进口投入品免征关税,以及在贸易商登记制度中隐性鼓励出口。随后的几年中增加了一些措施:1961年重新建立了直接补贴制度,但在1964年大幅度贬值时停止。① 1961年,对出口收入实行30%的所得税减免,第二年提高到50%。1962年成立大韩贸易投资振兴公社(Korea Trade Promotion Corporation,KOTRA),旨在协助出口商收集新的外国市场信息并进入这些市场。1963年为了应对进口激增和外汇储备迅速下降,政府建立了全面的"进出口联系制度",允许出口商将全部出口收入用于进口。1964年5月,货币大幅贬值的时候废止了进出口联系制度。此外,从1963年起,对出口商的贷款优惠利率继续降低,此

---

① Hong(1979),第49页。另见Frank, Kim, and Westphal(1975),第38页,以及 Kim and Westphal(1976),第60页。

后普通贷款和出口贷款之间的利率差距扩大,直到20世纪80年代初才缩小(见第四章表4.3)。

要确定这些出口促进措施是不是出口迅速扩张的原因,人们自然会想到可能因这些措施而增加收入的出口商。幸运的是,弗兰克、金和韦斯特法尔(Frank, Kim and Westphal, 1975)发表了对1958—1970年出口商收入的估算,他们称之为"出口购买力平价有效汇率"①。作者首先估算了"出口有效汇率",即官方汇率、出口美元溢价,以及每美元出口的预计补贴。"出口美元溢价"只是市场汇率高于官方汇率的部分。正如前一章所讨论的,官方汇率在20世纪50年代一直保持在远低于市场汇率的水平,"补贴"是指出口商从各种出口促进措施中获得的利益。

作者对"补贴"的估计考虑了以下出口促进措施:直接补贴、内部免税、关税豁免和出口信贷利率补贴。因此,一些促进出口的措施没有得到解释:出口商在出口信贷制度下享有的信贷分配优先权、贸易商登记制度对出口的隐性鼓励,以及大韩贸易投资振兴公社提供的援助。然而,这些措施并没有直接影响个别出口商的收入,对出口的影响也必然是间接的。

因此据估算,"出口有效汇率"代表出口商以当前韩元换取的当前美元价值的出口收入。然后,作者将出口有效汇率除以韩国批发价格指数,再乘以主要贸易伙伴的批发价格指数,得出"出口购买力平价有效汇率",从而将出口有效汇率转化为实际

———————
① Frank, Kim, and Westphal(1975),第70—71页,表5.8。

值。出口购买力平价有效汇率代表了出口商以不变韩元换取的不变美元价值的出口收入。图 2.3 显示了以 1965 年为基准指数的估算收益。

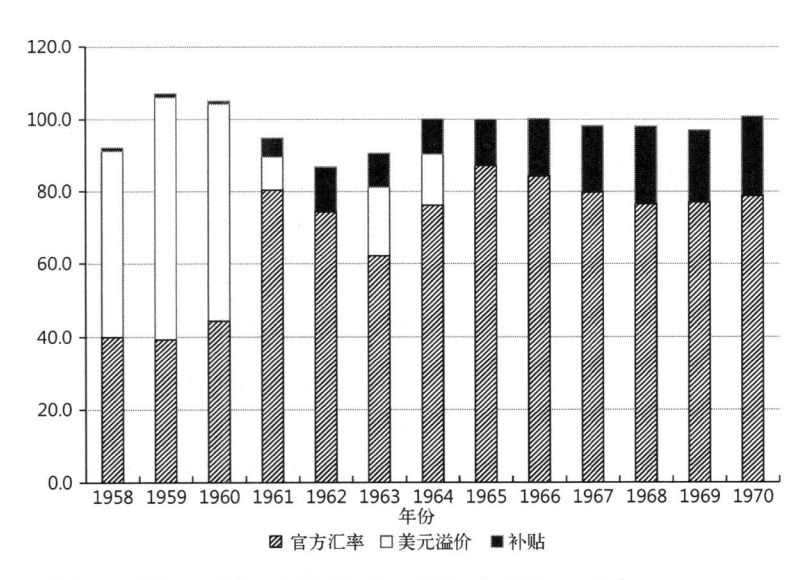

图 2.3　1958—1970 年美元出口收入指数（1965 = 100）

注：Frank, Kim and Westphal（1975），第 70—71 页，表 5.8，估算"出口购买力平价有效汇率"，代表出口商以韩元计算的每美元出口收益。我将作者估算的这些"汇率"转化为以 1965 年指数为基准的指数。此图以图形方式显示了这些指数。

任何希望在出口商收入中找到出口快速扩张原因的人都会失望。如图 2.3 所示，可能引发出口"爆炸"的收入并未大幅增加。相反，1961 年当出口突然开始快速扩张时，实际收入正在下降。此外，"补贴"在 1961 年之前和期间只占出口商收入的不到 5%。毫无疑问，出口商收入的变化（以及政府在 1961 年之前采取的出口促进措施)不可能是出口快速扩张的原因。

三、1961年2月的外汇改革

1961年2月张勉组建新政府之后,基于1960年7月民主党选举的一项竞选承诺对外汇制度进行了重大改革。张勉作为该党领袖,取代了4月被学生革命推翻的李承晚政府。多年来,民主党一直宣称不切实际的低官方汇率是当权者向亲信提供的"变相补贴"。例如,如果一个政客通过对相关行业施加影响,以官方汇率将一定数量的政府持有的美元分配给他的政治支持者,而官方汇率总是远远低于当前的市场汇率,那么这无疑是一个令人发指的腐败例子。民主党承诺:一旦掌权,将根除这一腐败。

1961年2月的外汇制度改革包括两个主要部分,其中之一是韩元贬值。如前一章所述,在恢复1960年4月学生革命时暂时中断的韩美经济合作关系之际,美国政府要求韩元贬值。韩国新政府欣然同意,并于1961年1月1日将汇率从65韩元兑1美元提高到100韩元兑1美元。韩国政府在第二个月再次做出重大改革,其中一项措施是主动将韩元兑美元汇率提高到130韩元兑1美元。

外汇制度改革的另一个主要部分是废除多元汇率,采用固定的统一汇率。为此,"外汇存款制度"被"外汇购买制度"取代。如前一章所述,在旧制度下,交易人员在韩国银行持有外币账户,通过将账户余额转入他人账户买卖外汇。这就产生了"转移汇率"。在新制度下,赚取外汇的交易人员必须按照新的官方汇率将外汇交给韩国银行,并获得有效期为90天的证书,持有人有权回购外汇。尽管证书交易是非法的,但这些证书仍在场外交易市场被交易,从而产生了"证书费率"。1961年5月上台的新军事政府开始打击场外交易市场,一个月后这一制度被废止。

表2.3显示了20世纪50年代和60年代韩元估值过高的程度以及贬值的影响。"市场/官方"比率代表1955年至1961年的"转移汇率"与官方汇率的比率,以及1963年至1964年的"证书费率"与官方汇率的比率。如上文所述,因为证书的市场交易不被允许,所以1962年的比率未显示。由于新政府建立了全面的进出口联系制度,因此这一比率在1963年和1964年再次出现。在这一制度下,进口权导致了出口美元溢价。这是对这些年不断恶化的贸易赤字和急剧下降的外汇储备的回应。表中还补充显示了1955年至1970年间韩元估值过高的替代指标——"场外交易市场/官方"比率,即美元的场外交易市场汇率与官方汇率的比率。当这两个比率等于1时,表示韩元没有被高估;比率越是攀升到1以上,韩元就越是被高估。有趣的是,这两个比率显示出非常相似的趋势。

表2.3 韩元估值过高的程度

年份	汇率			比率 (市场/官方)	比率 (场外交易市场/官方)
	市场	官方	场外交易市场		
	(1)	(2)	(3)	(4)=(1)/(2)	(5)=(3)/(2)
1955	79.0	30.3	77.6	2.61	2.56

续表

年份	汇率 市场	汇率 官方	汇率 场外交易市场	比率（市场/官方）	比率（场外交易市场/官方）
	(1)	(2)	(3)	(4)=(1)/(2)	(5)=(3)/(2)
1956	102.8	50.0	96.6	2.06	1.93
1957	109.0	50.0	103.3	2.18	2.07
1958	114.6	50.0	118.1	2.29	2.36
1959	134.6	50.0	125.5	2.69	2.51
1960	158.1	62.8	143.7	2.52	2.29
1961	147.0	127.4	148.3	1.15	1.16
1962	NT	130.0	134.0	n.a.	1.03
1963	169.8	130.0	174.5	1.31	1.34
1964	254.0	214.3	285.6	1.19	1.33
1965	NT	265.4	316.0	n.a.	n.a.
1966	NT	271.5	302.7	n.a.	1.11
1967	NT	270.7	301.8	n.a.	1.11
1968	NT	274.6	304.1	n.a.	1.11
1969	NT	285.3	323.6	n.a.	1.13
1970	NT	304.5	342.8	n.a.	1.13

资料来源：Frank, Kim and Westphal(1975)，第30—31页，表3.1。

注：我根据1955—1961年的转让率，从来源处估算了"市场"利率。它是"日本出口美元"和"其他出口美元"转移汇率的加权平均数，权重是分别向两个目的地出口的货物在总出口中所占的比例。1963年和1964年，市场利率代表证书费率。市场利率的年平均值是通过考虑市场利率生效的天数来估算的。我估计了1955年、1960年、1961年、1964年和1965年的整备市场利率的年平均值，并考虑了利率生效的天数。1964年和1965年官方汇率的平均值以及1965年出口美元的溢价取自Frank, Kim and Westphal(1975)，第八章附录，表8.10D。
n.a.＝无数据；NT＝无交易。

如表2.3所示,1961年2月的外汇改革对韩元估值过高的影响是巨大的。在20世纪50年代后半期,市场/官方比率的年平均值有时在2.6左右,并且总是大于2.0。1961年,改革使市场利率仅略高于官方利率,约高15%。因此,改革几乎消除了20世纪50年代一直存在的韩元估值过高现象。1963年和1964年韩元再次被高估,因为官方汇率低于市场汇率(即"证书费率"),这是由于建立了上述的全面进出口联系制度。① 然而,正如场外交易市场/官方比率所示,韩元估值过高程度在随后几年有所减轻。

改革带来的另一个重大变化是取消了多元汇率。这一点可以回顾国际货币基金组织咨询报告,该报告提供了改革前一个月,即1961年1月,复杂汇率结构的情况:②

> 在1961年2月汇率改革之前,韩国实行复杂的多元汇率制度,主要包括官方汇率、国际合作署融资的商品拍卖汇率和政府出售的进口汇率。自由市场中的各种转移汇率取决于原始汇率来源,即双边账户美元(来自向日本的出口)、其他地区的出口美元(来自向其他地区的出口)、军事供应美元(向联合国部队提供货物)、军事服务美元(向联合国部

---

① 溢价增加的部分原因是,为了应对日益恶化的贸易赤字,政府几乎取消了自动批准进口清单中的所有项目。见 Frank, Kim, and Westphal (1975),第47页。1964年5月,政府进行了另一项外汇改革,改革措施包括使韩元大幅贬值。
② 国际货币基金组织(1961),第14页。

队提供服务)、传教士美元(传教士收到的汇款)。援助资助的进口按商品分类。政府在每次拍卖中宣布有资格通过被拍卖的政府交易来融资的进口商品。

此外,除官方汇率外,这些汇率都在波动。1960年援助美元的平均拍卖汇率为99.74韩元兑1美元,1961年1月为128.9韩元兑1美元,而韩国政府所持美元的其他拍卖汇率在1960年平均为105.84韩元兑1美元,1961年1月平均为125.5韩元兑1美元。1960年韩日双边账户美元的平均转移汇率为142.0韩元兑1美元,其他地区美元的平均转移汇率为128.0韩元兑1美元。[1]

第三节 出口快速扩张如何开始

1961年2月的外汇制度改革使该制度变得非常简单:现在只有一个现实汇率。上文"出口快速扩张的开始"一节中讨论了如下不寻常现象:出现了新的出口项目,其出口增长非常迅速,远远快于已有项目的出口,而已有项目的出口增长速度是"蜗牛式的"。如果改革突然大大提高了新项目的出口利润率,而已有出口项目几乎没有变化,那么出口项目的这种分歧很容易解释。但当然,情况并非如此:所有出口都适用同样的现实汇率。

然而,同样的改革对不同的人来说可能代表着不同的意义。事实上,对于那些目前从事出口业务的人来说,就其出口收入而

---

[1] 国际货币基金组织(1961),第二部分,第30页。

言,改革并不意味着改变。改革前,在外汇存款制度下,正如前一章所讨论的,他们将出口收益保存在韩国银行的账户中。而且一直以来,他们都在以转移汇率,即新的官方汇率在改革时所接近的市场汇率出售美元。也就是说,汇率对他们来说变化不大。此外,他们还必然享受到已生效的各种出口促进措施所带来的好处。因此,他们的韩元出口收入几乎不受改革的影响。可以合理地假设,出口商在改革前和改革后一样努力实现利润最大化。因此,没有什么能让他们大幅度改变出口行为。20世纪60年代出口的增加肯定是出口商对改革以外的政策和环境变化的反应,而不是对改革本身。

另一方面,对于那些没有从事出口业务的人来说,这项改革本可以带来有利可图的出口机会。20世纪50年代末,出口业务对大多数韩国人来说根本不够重要:出口总额不到国民生产总值的1%,出口销售额仅占制造业总产值的2.5%。大多数商人甚至可能没有想到他们可以出口他们的产品。即使有人对这种可能性感兴趣,但由于外汇汇率结构非常复杂,也很难确定是否存在赢利机会。这就需要一位专家知道外汇市场发生了什么,以及在国内和国外市场的价格比较中使用哪种汇率。在这种情况下,随后几年出口产品的人很可能还没有意识到他们所坐拥的出口机会,这并不奇怪。

然后,改革通过取消多元汇率,采用一种统一的、现实的汇率,简化了国际价格比较。对于韩国商人和外国买家来说,以统一汇率出口商品是否能获利已经变得显而易见。此外,从第二年开始的银行业务变革肯定有所帮助。最初,作为中央银行的韩国银行是唯一能够合法处理外汇交易的银行。但是从1962年4月起,所有5家商业银行都开始办理外汇交易。如此一来,任何感兴趣的人都可以随时获得现在统一的、现实的汇率相关信息。

简言之,这项改革极有可能使那些没有从事出口业务的人第一次看到隐藏在复杂和被扭曲的外汇体系背后有利可图的出口机会。20世纪60年代初的韩国由于资本积累很少,科技水平远远落后于其他国家,并且没有显著的自然资源,在劳动密集型制造业方面无疑具有比较优势。劳动力是其唯一拥有的丰富生产要素。然而直到1961年,劳动密集型制成品的出口几乎为零,其比较优势几乎没有得到开发。①

因此,劳动密集型新产品的出口潜力在20世纪60年代初肯定是"无限的"。基于这些原因,新产品一旦开始出口就爆炸性地增长。这一说法似乎很好地解释了1961年开始出现的出口快速扩张的三个特征:具有比较优势的新出口项目出现、新项目爆炸性出口扩张,以及当时已有出口项目的增长极其缓慢。

---

① 根据 Frank, Kim, and Westphal(1975)第96—98页,1955年,具有可比人口和人均收入的国家的出口在国内生产总值(Gross Domestic Product, GDP)所占的标准份额,在大国为9.8%,制造大国为8.1%,而韩国1955年的实际份额为1.7%。这里的"出口"似乎包括服务和商品。根据 Hong(1979)的数据,1940年出口额占国民生产总值的31%,不过,是否所有出口额都应被视为国际贸易仍有争议,因为大部分出口额都流向了日本。

第四节 出口成功与出口促进

一开始提到的早期研究普遍持有的观点,即政府的出口促进政策自20世纪60年代中期开始迅速扩大出口,与上一节中的发现恰恰相反。而且这一发现也不支持后来的研究提出的观点,即产业政策通过纠正阻碍韩国经济增长的协调失灵,促成了投资繁荣和最终的出口激增。因此,前一节的研究结果使我们有必要重新审视韩国出口成功与其政府政策之间的因果关系。

首先,很明显出口促进政策不可能带动出口的快速扩张。事实上,政府发展政策的主要支柱是通过进口替代实现工业化,并在20年代60年代中期转变为促进出口。出口促进政策不可能带来1961年开始的出口快速扩张。相反,有证据表明:采取出口促进政策是受出口快速扩张开始的启发。韩国政府1961年通过并于1964年修订的《经济发展第一个五年计划:1962—1966》(*First Five-Year Economic Development Plan for 1962—1966*)就是此类证据的一个例子。虽然原始计划提到了扩大出口的可取性和一些政策措施,但也明确指出:该政策的重点是进口替代。[1] 显然,该计划将促进出口视为应对当时严重外汇短缺的补

---

[1] 经济规划委员会(Economic Planning Board,1961),第43页。关于贸易政策的章节明确指出,在提到各种出口促进措施之前,重点在于增加进口替代产业的生产。

救措施。该计划也没有预料到制成品出口的急剧扩张。该计划设想,初级产品的出口,如"食品"(SITC 0)和"不可食用原材料"(SITC 2),在 1960 年之前占总出口的 80% 左右。那么在 1966 年,即该计划的最后一年,两者仍然会是主要出口商品,约占总出口的三分之二。简而言之,政府在 1961 年并没有考虑将出口促进作为一种发展战略。

在 1964 年 2 月公布的修订计划中,"食品"和"不可食用原材料"的出口目标向下调整。取而代之的是在计划的最后一年,"以材料分类的制成品"(SITC 6)和"杂项制成品"(SITC 8)在总出口中所占份额的合并目标从 16% 上调至 38.3%。毫无疑问,这一调整是充分考虑并应对了从 1961 年到 1963 年上半年这两类商品的快速出口扩张。更重要的是,修订后的计划强调促进出口工业。题为"出口计划"的一节指出:促进出口不仅是为了给出口商提供奖励,也是为了促进出口工业的发展。的确,修订计划中的新政策提倡将劳动密集型制造业和手工业作为出口产业,并将投资从进口替代产业转向出口产业。① 《经济发展第一个五年计划》的修订清楚地表明:早些时候开始的出口快速扩张促成了出口促进政策。

事后看来,出于各种原因,一旦出口开始迅速扩张,政策注定会转向促进出口。20 世纪 60 年代初,韩国迫切需要新的外汇来源,因为美国的援助在 20 世纪 50 年代曾为 80% 的进口提供

---

① 经济规划委员会(1964),第 44—47 页。

资金,而在 1957 年之后,美国的援助逐年减少。尽管出口基数很小,但这一需求至少可以通过迅速扩大出口来得到部分满足。此外,由于韩国以制造业为主导,所以出口扩张可以使韩国实现其工业化和经济增长的愿望。此外,在创造新的就业机会的同时,出口扩张颇受新的权力精英的欢迎,这将使他们能够履行 1961 年军事政变时作出的革命承诺,即将人民从贫困线上解救出来。简言之,出口扩张是为政府当时必须解决的一系列重大问题的量身定制的答案。毫不奇怪,新政府抓住了这个机会,用"通过出口建设国家"和"出口优先"等口号,展开了全面的出口促进工作。这些都将在下一节进行讨论。

第五节 出口促进及其影响

自 20 世纪 60 年代中期以来,政府加大了出口促进力度。1964 年 5 月,政府对韩元进行了大幅贬值,从 130 韩元兑 1 美元贬值至 256.5 韩元兑 1 美元,同时取消了上述直接补贴和全面的进出口联系制度。[1] 相反,政府通过增加出口优惠贷款的种类

---

[1] 进出口联系制度于 1966 年在有限范围内被重新引入,以鼓励低利润率的出口和进入新市场的出口。见 Frank, Kim, and Westphal(1975),第 51 页。

和数量来激励信贷。① 6月,政府宣布了《全面出口促进计划》。该计划称在此之前的出口促进措施本质上是"零碎的和临时的",现在其试图为出口促进提供一个全面而统一的框架,并将政策支持扩大到出口生产和出口。② 该计划还打算选择行业进行推广并帮助中小型企业转变为出口商、为出口生产提供工业园区、加快进口用于出口生产的资本设备,以及确保出口生产的原材料安全,等等。

1965年,出口促进进一步加强。同年的金融改革将普通银行贷款利率从16%提高到26%,但对出口商的优惠贷款利率保持在6.5%不变。③ 同年,一项按出口商品具体规定的"损耗津贴"计划开始推行。该计划慷慨地规定了超出既定需要的出口生产所需的进口中间投入品的关税豁免限额。由于这适用于进口受到限制或需缴纳高额关税的货物和原材料,因此出口商可

---

① 见 Frank, Kim, and Westphal(1975),第49—50页。优惠贷款安排包括对美国海外采购供应商(主要是越南)的贷款、对出口行业原材料和设备进口商的信贷、出口远期(对无信用证装运但装运后收到付款的出口商的信贷)、出口产业促进贷款、中型工业银行用于工厂转为出口生产的设备贷款、中型工业银行用于专业出口产业的设备贷款。
② 工商部(Ministry of Commerce and Industry,1988),特别是第222—234页。
③ 见第四章中的表4.3。另见 Frank, Kim, and Westphal(1975),第49页:"出口信贷优惠率从1963年的8%降低到1965年2月的6.5%,1967年6月的6.0%……韩国银行将出口票据贴现率从4.5%降至1966年的3.5%。这种票据再贴现对商业银行来说是巨大的利润,商业银行几乎通过票据再贴现为所有出口信贷提供资金。"

以在国内市场出售未使用的部分以获取利润。此外,为了鼓励在出口生产中使用国内生产的中间产品,当地"信用证"制度开始实行。这使出口商能够在收到的原始信用证的基础上,向出口货物和中间投入品的国内生产商签发当地信用证,而这些生产商又可以再次签发当地信用证。在优惠贷款、进口许可证、税收优惠等方面,持有当地信用证的国内生产商享有与出口商相同的利益。

同样是在1965年,朴正熙总统开始主持每月一次的"出口促进扩大会议"[1]。会议汇报前一个月的出口业绩和全面出口促进计划的进展情况,跟进总统的指示,等等。会议还查明出口业务中的困难和问题、寻求可行的解决办法、简化行政程序,并发布总统指示。1966年,关税豁免扩大到用于出口生产的资本设备以及中间产品和原材料的进口。同样在1966年,出口商也获得了货币加速贬值带来的好处。

显然,促进出口成为政府经济政策的核心。正如科尔和莱曼(Cole and Lyman,1971)所评论的:"简单地说,韩国政府机构所有可能有帮助的部分都被用于出口驱动。"[2] 弗兰克、金和韦斯特法尔(1975)观察到:"随着汇率改革和进口自由化,1964年至1966年期间,出口激励措施明显加强。"正如本章开头所述,

---

[1] 出席会议的有多位经济长官、韩国银行行长、大韩贸易投资振兴公社负责人、韩国贸易协会、韩国商会、银行和金融机构负责人、主要出口公司董事长和贸易专家。

[2] Cole and Lyman(1971),第190—191页。

这些研究和其他早期对韩国经济增长的研究认为，出口快速扩张始于20世纪60年代中期，当时政府采取了这些强有力的出口促进措施。①

如图2.3所示，由于出口促进措施数量更多、力度更大，出口商无疑在20世纪60年代后半期获得了更大的利益。那么，这就是韩国出口成功的原因吗？答案不是简单的是或否，因为促进出口的措施不是与外界隔绝的。如前所述，在通过进口替代实现工业化的战略下，进口政策是保护主义的，政府在开始促进出口时基本保持进口政策不变。直到20世纪80年代初，进口自由化才真正开始。应当指出，正如上文"保护主义进口政策"一小节简要讨论的那样，保护往往具有抑制出口的效果。因此，在20世纪60年代后半期和70年代，政府实际上同时实施了两项对出口产生相反影响的政策。

为了确定对出口的净影响，量化这两种不同政策的影响是必要的。幸运的是，韦斯特法尔和金（1982）在1968年已经完成了这项工作，这里简述一下结果。作者首先估算了出口商品生产中的"有效保护率"，即政府的贸易政策措施在假设的无贸易政策措施的"自由贸易"情况下，将生产中的附加值增加到高于附加值的比率。由于附加值是对参与生产的劳动力、资本和土

---

① Park（1983）指出，在韩国1967年加入关税及贸易总协定后，在主要贸易伙伴的压力下，政府在20世纪70年代初逐渐不再使用直接激励措施，到1972年，几乎所有直接激励措施都被废除、修订或取代。

地等要素的报酬,因此有效保护率越高,生产就越受到鼓励。贸易政策措施的影响是估计的,包括关税和进口数量限制,这些措施往往会提高受保护货物在国内市场的价格,从而降低出口产品的附加值;还包括使出口商免受这些进口限制影响的贸易政策措施,以及前面提到的"损耗津贴"等措施,这些措施为出口生产提供了优惠。作者对制造业出口生产的有效保护率的估计是3.1%,对所有行业的估计为0.4%。也就是说,贸易政策措施产生了略微增加出口产品附加值的效果。

接下来,作者估算了"有效补贴率",其增强了有效保护率以及所得税减免和优惠贷款率等出口促进措施的效果。由此估算的有效补贴率为制造业12.4%,所有行业8.6%。也就是说,由于贸易政策措施和出口促进措施,制造业和所有行业的出口生产增加值分别增加了12.4%和8.6%。

"有效补贴率"中尚未包括进口限制通过其对汇率的影响而对出口产生的间接影响:进口限制减少了外汇需求,因此降低了汇率,从而导致生产商的韩元附加值降低。作者估计,限制进口的政策措施将韩元兑美元汇率降低了9.1%,也就是说,由于进口限制,韩元在出口生产中的附加值下降了这么多。有效补贴率受此负面影响之后的比率称为"净有效补贴率"。作者估计,制造业出口生产的净有效补贴率为−0.3%,所有行业出口生产的净有效补贴率为−3.1%。

换句话说,进口限制对出口的负面影响几乎是和出口促进相互抵消的,而净效应是为出口商创造了一个类似自由贸易的环境。这一预测是针对20世纪60年代末的一年。然而,似乎可以肯定的是,在接下来的几年里,净效应并没有因为出口促进措施变得更有利。韩国在1967年加入关税及贸易总协定后,20世纪60年代后半叶采取的出口促进措施于20世纪70年代初开始缩减。例如,1972年取消了对出口收入的所得税减免;1975年,出口生产所需原材料的进口关税豁免改为关税退税制度。在"重化工业"(heavy and chemical industry, HCI)政策(将在第四章讨论)下,进口政策在20世纪70年代也变得更加严格。因此,如果说有什么不同的话,那么这两种不同政策的净效应可能在20世纪70年代对出口产生了一定的负面影响。简言之,政府采取的出口促进措施主要是通过抵消保护主义进口政策对出口的负面影响,而不是通过提供过多的优惠来帮助出口。如果没有保护主义的进口政策,可能就没有必要促进出口。

需要指出的是:正如克鲁格(Krueger)指出的那样,出口促进政策作出了另一个微妙的贡献(尽管这可能不是有意)[1],那就是,韩国政府在高增长年份的出口导向使得政策错误相当明显,因为一旦政策失误,出口业绩将迅速受到不利影响。因此,"你不可能有一个以出口为导向的战略**和**高度不切实际的汇率……极具扩张性的货币和财政政策……[增加强调]"。因此,出口导向为市场提供了出路,因为韩国经济别无选择,只能接受世界市场价格。不管这一"出路"是否出自决策者之手,其贡献都可能

---

[1] Krueger(2010).

是巨大的。

20世纪60年代和70年代的出口成功基本上是由于消除了贸易障碍,即复杂的外汇制度和保护主义进口政策对出口的负面影响。韩国在劳动密集型制造业方面具有比较优势,因为韩国经济劳动力丰富,且土地面积小、没有可出口的自然资源产品、积累的资本少、科技水平远远落后于其他国家。一旦障碍消除,经济就开始展现其巨大的出口潜力,而这一潜力在此之前一直未被开发。简言之,韩国出口的是具有相对优势的产品。然而,还有另一个不应被忘记或忽视的重要事实:在20世纪60年代初,当韩国爆发式的出口扩张和快速工业化开始时,世界市场的规模是19世纪欧洲国家工业化时的100多倍。这一点将在第五章中讨论。

附 录

表 2.A1 1957—1970 年的出口

单位:千美元

SITC		1957	1958	1959	1960	1961	1962	1963	1964	1965	1966	1967	1968	1969	1970
0	食品和活体动物	3 114	2 456	4 118	9 701	8 948	21 847	16 506	26 350	28 190	40 478	37 928	44 491	50 279	65 537
1	饮料和烟草	53	—	106	451	184	14	250	184	897	6 892	7 019	8 621	14 850	14 231
2	不可食用原材料	14 591	10 583	11 713	15 816	20 598	19 372	27 742	31 441	37 033	46 679	58 005	61 506	73 042	99 973
3	矿石燃料等	6	297	657	1 147	2 209	2 760	2 579	2 488	1 899	1 505	1 772	2 298	4 837	8 761
4	动植物油	35	162	177	199	118	69	92	88	71	137	119	113	68	59
5	化学品	6	10	115	401	550	990	904	630	380	714	2 359	3 115	9 753	11 413
6	以材料分类的制成品	3 394	2 408	2 139	3 937	4 004	6 177	28 115	42 309	66 414	84 175	101 382	143 598	173 826	220 886
631211	贴面板	—	—	11	21	1 217	2 060	5 833	11 395	18 030	29 880	36 418	65 590	79 162	91 746

续表

SITC		1957	1958	1959	1960	1961	1962	1963	1964	1965	1966	1967	1968	1969	1970
652	棉织物	276	899	1 425	2 443	857	1 834	4 289	11 119	10 522	10 121	12 591	13 314	18 645	26 355
6532	羊毛织物	—	—	—	—	—	—	10	580	2 228	2 153	3 963	4 519	3 344	3 382
6535	合成纤维织物	—	—	—	—	—	2	471	1 040	2 507	4 402	9 853	16 653	12 646	9 962
7	机械和运输设备	56	4	48	88	884	446	4 066	2 204	5 501	9 556	14 185	24 464	53 219	61 469
8	杂项制成品	640	148	86	93	791	1 954	6 400	13 198	34 487	59 197	97 238	167 005	242 344	352 496
83	旅行用品和手提包	—	—	—	—	4	1	2	6	50	417	1 209	827	1 228	2 479
84	服装	—	—	—	—	2	1 119	4 644	6 614	20 713	33 385	59 208	112 232	160 770	213 566
85	鞋类	—	—	—	—	30	238	738	879	4 151	5 467	8 139	11 044	10 476	17 268
89941	伞类	—	—	—	—	—	1	—	72	86	26	50	203	431	799
89993	人造花	—	—	—	—	—	37	107	319	511	423	397	727	599	881
89995	假发和假胡子	—	—	—	—	—	—	13	169	2 344	12 022	22 724	35 092	60 199	100 868
	总出口	22 202	16 451	19 812	32 827	40 878	54 813	86 800	119 057	175 081	249 537	320 227	455 397	622 513	835 182

资料来源：韩国银行《经济统计年鉴》，1960、1964、1966；商务部（Ministry of Commerce）《贸易统计年鉴》（*Trade Statistics Yearbook*），1964。

表 2.A2　1955—1984 年贸易自由化总指数

单位：%

年份	平均税收	自动批准	年份	平均税收	自动批准
1955	27.4	1.0	1970	58.5	52.8
1956	27.4	3.5	1971	57.9	53.5
1957	35.4	6.4	1972	57.5	49.5
1958	42.9	6.3	1973	48.2	50.7
1959	66.5	4.7	1974	48.1	49.3
1960	58.0	5.0	1975	48.1	47.8
1961	36.0	4.0	1976	48.1	49.6
1962	49.6	5.4	1977	41.3	49.9
1963	49.5	0.4	1978	41.3	61.3
1964	51.0	2.0	1979	34.4	69.1
1965	52.7	5.9	1980	34.4	70.1
1966	52.3	9.1	1981	34.4	75.5
1967	52.6	58.8	1982	34.4	77.4
1968	58.9	56.0	1983	34.4	81.2
1969	58.3	53.6	1984	26.7	85.4

资料来源：Kim(1991)，表 3.6。
注：自动批准一列显示的是自动批准项目占总出口项目的百分比。

参考文献

Bank of Korea, 1960, 1964, 1966, *Economics Statistics Yearbook*(《经济统计年鉴》).

Cole, David C., and Princeton N. Lyman, 1971, *Korean Development: The Interplay of Politics and Economics*(《韩国的发展：政治与经济的相互作用》), Cambridge, MA: Harvard University Press.

Economic Planning Board, 1961, *The First 5-Year Economic Development Plan 1962 – 1966*(《经济发展第一个五年计划：1962—1966》), Seoul: Economic Planning Board (in Korean).

Economic Planning Board, 1964, *The First 5-Year Economic Development Plan, Revised*(《经济发展第一个五年计划（修订版）》), Seoul: Economic Planning Board (in Korean).

Frank, Charles R., Jr., Kwang Suk Kim, and Larry E. Westphal, 1975, *Foreign Trade Regimes and Economic Development: South Korea*(《韩国对外贸易制度与经济发展》), New York: National Bureau of Economic Research.

Hong, Wontack, 1979, *Trade, Distortions and Employment Growth in Korea*(《韩国的贸易、畸变与就业增长》), Seoul: Korea Development Institute.

Hong, Wontack, and Anne O. Krueger (eds), 1975, *Trade and Development in Korea*(《韩国的贸易与发展》), Seoul: Korea Development Institute.

IMF, 1961, "Korea-1960 Consultations"(《1960 年韩国国情研讨》), June. www. imf. org.

Kim, Kwang Suk, 1975, "Outward-Looking Industrialization Strategy: The Case of Korea"(《外向型工业化战略：以韩国为例》), in Hong, Wontack, and Anne O. Krueger (eds), *Trade and Development in Korea*(《韩国的贸易与发展》)(pp. 19 – 45), Seoul: Korea Development Institute.

Kim, Kwang Suk, 1991, "Part I: Korea"(《第一部分：韩国》), in D. Papageorgiou, M. Michaely, and A. M. Choksi (eds), *Liberalizing Foreign Trade*(《对外贸易自由化》)(pp. 1 – 132), Cambridge, MA: Basil Blackwell.

Kim, Kwang Suk, and Larry E. Westphal, 1976, *Korea's Foreign Exchange and Trade Regimes*(《韩国外汇与贸易制度》), Seoul: Korea Development Institute (in Korean).

Krueger, Anne O., 1979, *The Developmental Role of the Foreign Sector and Aid*(《外资部门与援助在发展中的作用》), Cambridge, MA: Council on East Asian Studies, Harvard University.

Krueger, Anne O., 1997, "Trade Policy and Economic Development: How We Learn"(《贸易政策与经济发展：为我所用》), *American Economic Review*(《美国经济评论》), Vol. 87, No. 1, pp. 1 – 22.

Krueger, Anne O., 2010, "What Accounts for the Korean Economic Miracle?"(《韩国经济奇迹缘何而来》), paper read at the conference "The Korean Economy: Six Decades of Growth and Development"(韩国经济：六十年增长与发展), Seoul, Korea, August 30.

Lerner, Abba P., 1936, "The Symmetry between Import and Export

Taxes"(《进出口税的平衡》), *Economica*(《经济学刊》), Vol. III, No. 11, pp. 306 – 313.

Ministry of Commerce and Industry, *Trade Statistics Yearbook*(《贸易统计年鉴》), various issues.

Ministry of Commerce and Industry, 1988, *40 Years of Export Promotion* (《出口促进四十年》), Seoul: Ministry of Commerce and Industry (in Korean).

Park, Pil Soo, 1983, "The Incentive Schemes for Export Promotion" (《出口促进的激励体系》), presented at the International Forum on Trade Promotion and Industrial Adjustment, Seoul, September 6 – 15.

Rodrik, Dani, 1995, "Getting Interventions Right: How South Korea and Taiwan Grew Rich"(《正确干预:韩国与台湾的致富路径》), *Economic Policy*(《经济政策》), Vol. 10, No. 20, pp. 55 – 97.

Westphal, Larry E., and Kwang Suk Kim, 1982, "Korea"(《韩国》), in Balassa, Bela et al. (eds), *Development Strategies in Semi-ndustrial Economies*(《半工业化经济的发展战略》) (pp. 212 – 279), Baltimore, MD: Johns Hopkins University Press.

Yoo, Jungho, 2017, "Korea's Rapid Export Expansion in the 1960s: How It Began"(《20 世纪 60 年代韩国出口的高速扩张:缘何而起》), *KDI Journal of Economic Policy*(《韩国发展研究院经济政策杂志》), Vol. 39, No. 2, pp. 1 – 23.

第三章 │ 韩国经济的转型

在20世纪60年代和70年代,韩国经济经历了一次类似于破茧成蝶的转型。 在这之前韩国是世界上最贫穷的农业经济国家之一,而之后它蜕变成一个充满活力的新兴工业化国家。本章讨论这一转变的方方面面。

第一节 快速增长和产业结构变化

韩国国民生产总值的增长率从1963年之前几年的不到5%跃升到1963年的9.1%,并在20世纪60年代和70年代保持高位,有时高达15%,如表3.1所示。出人意料的是,经济在1980年出现负增长,并在第二年反弹,这将在下一章讨论。1963年至1979年间的平均年增长率为10.1%,这是只有少数几个国家在那之前的较长时期内经历过的增长率。在这一快速增长时期,最终需求的组成部分以截然不同的速度增长。本书将最终需求分为三个部分,即消费、固定资本形成总值(不包括往往较小且无长期趋势的库存变化)和出口,并在本章讨论其对经济增长的影响。[1]

---

[1] 最终需求通常指消费、投资、政府支出和净出口,而投资通常指固定资本形成总额和库存变化的总和。下面的讨论没有考虑库存变化,因为库存变化通常很小,并且每年都会随意波动;政府支出不单独考虑,而是分为消费和投资,每一项都与私人消费或投资相加。

表 3.1 显示,在最终需求的三个组成部分中,消费增长最慢,1963 年至 1979 年间的平均年增长率为 8.1%;固定资本形成总值平均每年增长 19.5%;商品和非要素服务出口增长最快,年均增长 27.8%。如表 3.2 所示,最终需求构成发生了巨大变化。1960 年,几乎所有(99%)的国民生产总值被消费,而固定资本形成总值占 11%,这是因为外国援助的流入为大部分进口提供了资金。到 1979 年,消费占国民生产总值的比重下降到 73.5%,而固定资本形成总值的比重上升到 32.5%。因此,在 20 世纪 70 年代末,韩国经济将近三分之一的国民生产总值重新投入资本形成。商品和非要素服务出口占国民生产总值的比重,从 1960 年的 3.4%急剧上升到 20 世纪 70 年代末的 35%左右;1960 年的进口额是国民生产总值的 12.7%,1979 年增长到 37%。由此,一个几乎已经关闭的韩国经济变得完全开放。按照通常衡量一个经济体开放度的标准,即以百分比表示的进出口总额与国民生产总值之比,1960 年韩国经济的开放度为 6%,因为进口额和出口额各约占国民生产总值的 3%,其中不包括由外援资助的进口;20 世纪 70 年代末,开放度达到近 70%。

表 3.1　1961—1981 年国民生产总值和最终需求的增长率

单位:%

年份	国民生产总值	消费	固定资本形成总值	出口	进口
1961	4.8	1.0	4.3	39.1	-6.9
1962	3.5	5.0	20.0	12.1	35.8
1963	9.1	2.2	27.0	7.3	21.0

续表

年份	国民生产总值	消费	固定资本形成总值	出口	进口
1964	8.3	4.5	-11.9	40.7	-25.6
1965	7.4	7.7	26.0	52.3	13.1
1966	13.4	7.6	62.0	35.7	57.7
1967	8.9	9.4	21.7	32.7	34.8
1968	12.6	11.6	40.3	41.6	45.9
1969	15.0	10.3	28.3	31.9	24.7
1970	7.9	10.0	1.7	22.9	10.1
1971	9.2	10.4	4.7	20.5	20.4
1972	7.0	6.7	-3.2	40.1	3.6
1973	14.9	7.9	29.2	60.8	35.7
1974	8.0	8.2	7.3	-3.1	16.7
1975	7.1	6.2	9.3	16.6	0.2
1976	15.1	8.8	14.7	43.0	26.9
1977	10.3	7.1	26.6	25.7	23.8
1978	9.7	11.0	39.4	17.5	29.1
1979	6.5	7.6	8.6	-3.8	8.7
1980	-5.2	0.2	-10.6	9.7	-7.3
1981	6.2	3.2	-3.3	17.3	5.3
1963—1979年平均数	10.1	8.1	19.5	27.8	20.4

资料来源：韩国银行《经济统计年鉴》，1965、1972、1975、1982、1984。
注：1963—1979年的平均增长率是各列增长率的简单平均值。各列增长率由我根据国民生产总值的估计数和以不同不变价格计算的最终需求得出：1961—1963年根据1960年的不变韩元计算，1964—1968年根据1965年，1969—1973年根据1970年，1974—1978年根据1975年，1979—1981年根据1980年。消费是私人消费和政府消费的总和。固定资本形成总值是私人和政府资本构成的总和，不包括库存变化。进出口包括非要素服务贸易和商品贸易。

表 3.2 最终需求构成

单位:%

年份	消费	私营	政府	固定资本形成总值	出口	进口(-)	总和
1960	99.2	84.7	14.5	10.8	3.4	12.7	100.70
1970	82.7	72.3	10.4	24.4	14.2	24.0	97.30
1977	74.9	63.2	11.7	26.0	35.1	35.1	100.90
1979	73.5	62.3	11.2	32.5	30.3	37.0	99.30

资源来源：表 3.A1。
注：本表中的构成基于按现行价格计算的国民生产总值估计数。进出口包括非要素服务贸易和商品贸易。由于库存变化不包括在内，并且由于统计差异，所以份额之和并不完全等于 100%。

20 世纪 70 年代末，韩国成为一个充满活力的新兴工业化经济体，以外贸迅速扩张和资本形成为主导，这一资本形成现在主要由国内储蓄提供资金。1979 年，固定资本形成总值相当于国民生产总值的 32.5%，经常项目赤字相当于国民生产总值的 6.7%。因此，外国储蓄仍然是资本形成的一个次要部分，约占五分之一。然而，与 20 世纪 60 年代初不同的是，70 年代末外国储蓄的流入不是外国援助，而主要是商业性外国借贷，下文将对此进行讨论。当然，支持资本形成的国内储蓄的增加是 20 世纪 60 年代和 70 年代消费占国民生产总值比例大幅下降的另一面，这在很大程度上反映了私人消费在国民生产总值中占比的下降。如表 3.2 所示，政府消费比例有所下降，但下降幅度不大。

韩国的产业结构也发生了显著变化。表3.3将经济划分为三个主要部门,"第一产业""制造业"和"其他"(代表了经济的其余部分),并显示了1963年至1979年中选定年份这三个部门在国民生产总值中的份额。该表还显示了每个部门雇用的劳动力份额。1963年,第一产业对国民生产总值的贡献为45%,雇用了64%的工人。到1979年,该部门对国民生产总值的贡献率已降至22%,就业份额降至37%。尽管在此期间,农业产业的增加值以平均4.2%的可观的实际增长率(表中未显示)增长,但第一产业对国民生产总值的贡献率降低,因为其他两个部门的增长要快得多。

表3.3 工业结构变化

年份	第一产业	农林渔业	制造业	其他
	国民生产总值中的份额/%			
1963	44.8	43.1	14.5	40.7
1970	28.3	26.8	20.8	50.9
1977	24.4	23.0	27.0	48.6
1979	21.6	20.5	26.9	51.5
	就业份额/%			
1963	63.9	63.2	7.9	28.1
1970	51.6	50.4	13.2	35.2
1977	42.6	41.8	21.6	35.8
1979	36.6	35.8	22.9	40.5

资料来源:韩国银行《经济统计年鉴》,1972、1980、1983。

注:这三个部门在国民生产总值中所占的份额是根据各部门国民生产总值的现行价格估计得出的。按部门分列的就业统计数字最早可供查阅的年份是1963年。

制造业大幅扩张。制造业占国民生产总值的比例从1963年的14.5%增长到1979年的27%,几乎翻了一番;而就业份额从1963年的8%增长到1979年的23%,几乎增加两倍。制造业在接下来的十年继续增长,但增长速度要慢得多。在1963年至1979年期间,经济的其他部分,即被标记为"其他"的部门,其相对重要性有所增加,但不如制造业那样迅速。"其他"部门在国民生产总值中的份额从41%上升到51.5%,而其就业份额从28%上升到40.5%。

第二节　驱动力

转型的主要驱动力是出口扩张。本节利用韩国银行发布的投入产出表讨论了出口扩张对经济的影响。[①] 该表将整个经济活动划分为若干"行业",并针对每个行业,比如说行业A,显示A在给定年份内生产了多少产品,以满足其自身产品的最终需求,并满足其他行业对A产品的需求。其他行业可能需要A的产品作为其生产的中间投入,以满足其自身产品的最终需求。因此,投入产出表可以追踪一个行业直接或间接满足最终需求三个不同组成部分的产出量。以出口为例,一个行业的产出可

[①] 所使用的投入产出表是韩国银行1963年、1966年、1968年、1970年、1973年、1975年和1978年的估计值。这些表可在韩国银行网站ecos.bok.or.kr上查阅。

以直接出口,也可以间接出口,因为其产出被其他行业用于生产自己的出口产品。一个行业直接或间接出口的产出可称为该行业的出口"总产出",经济体的出口总产出只是所有行业的出口总产出之和。同样,经济的消费总产出和固定资本形成总产出也可以利用投入产出表进行追踪。

在投入产出表的选定年份,表3.4显示了经济的总产出以及直接和间接满足最终需求三个组成部分(消费、固定资本形成总值和出口)的总产出百分比。从1963年到1978年,总产出的年均实际增长率为12.3%,增长了5.7倍,快于实际国民生产总值的增长,同期实际国民生产总值的平均增长率约为10%。1963年,在经济总产出中,86%用于消费、9%用于固定资本形成总值、4%用于出口。这些百分比的份额发生了剧烈的变化。1978年,在总产出中,54%用于消费、20%用于固定资本形成总值、26%用于出口。当然,相对重要性变化的原因是最终需求的总产出以不同的速度增长:出口的总产出以27%的年均增长率增长,资本形成和消费总产出的年均增长率分别为18%和9%。

表3.4 选定年份的总产出和最终需求

年份	总产出/1975年十亿韩元	消费/%	固定资本形成总值/%	出口/%
1963	5 320.40	86.2	9.4	4.4
1966	7 212.30	74.5	14.7	10.8
1968	8 868.50	69.7	17.8	12.5
1970	11 697.40	66.8	20.3	12.9

续表

年份	总产出/1975 年十亿韩元	消费/%	固定资本形成总值/%	出口/%
1973	16 093.50	58.2	15.7	26.1
1975	20 605.80	57.8	16.9	25.3
1978	30 115.30	53.9	19.7	26.4
1963—1978 年年均增长率/%	12.3	8.8	17.9	26.5

注：表 3.A3 中估计了以 1975 年韩元汇率计算的总产出。为满足最终需求的三个组成部分而生产的总产出的百分比，部分是从 20 世纪 60 年代的投入产出表中计算出来，部分选自 20 世纪 70 年代的投入产出表。最后一行显示了经济总产出和最终需求三个组成部分总产出的实际增长率。

表 3.5 将经济划分为第一产业、制造业和"其他"部门，显示了表 3.4 对整体经济所显示的几方面情况，有助于我们了解表 3.3 所示的产业结构变化背后的原因。正如预期的那样，产业结构的变化在很大程度上取决于出口需求。例如，制造业的总产出增长最快，在 1963 年至 1978 年间平均年增长率为 16%，总产出增长至 9.2 倍。这主要是因为出口作为制造业产出需求来源的比例在三个部门中最大，而出口需求在三个部门中增长最快，平均每年增长 31%。作为该部门产出需求来源的出口，比例从 6.7% 增加到 40%。固定资本形成总值对该行业产出的需求也以每年约 20% 的平均速度增长。另一方面，消费作为该行业总产出需求来源的重要性几乎减半，从 82% 降至 42%。

表3.5 选定年份的各部门总产出和最终需求

年份	第一产业/1975年十亿韩元	消费/%	固定资本形成总值/%	出口/%
1963	1 553	95.6	1.5	2.9
1966	2 117	91.6	2.2	6.2
1968	2 132	90.4	2.9	6.8
1970	2 291	87.1	5.5	7.4
1973	2 562	85.0	3.6	11.5
1975	3 120	84.7	3.7	11.6
1978	4 271	86.1	4.1	9.7
1963—1978年年均增长率/%	7.0	6.2	14.3	16.0
年份	制造业/1975年十亿韩元	消费/%	固定资本形成总值/%	出口/%
1963	1 530	82.1	11.2	6.7
1966	2 441	69.0	15.3	15.7
1968	3 221	64.8	17.6	17.6
1970	4 145	59.8	19.1	21.0
1973	6 815	46.4	13.1	40.6
1975	9 742	47.5	15.0	37.6
1978	14 120	42.4	17.6	39.9
1963—1978年年均增长率/%	16.0	11.0	19.5	30.6
年份	其他/1975年十亿韩元	消费/%	固定资本形成总值/%	出口/%
1963	2 737	82.5	13.6	3.8
1966	2 163	66.0	24.0	10.0

续表

年份	其他/1975年十亿韩元	消费/%	固定资本形成总值/%	出口/%
1968	3 516	61.8	26.9	11.3
1970	5 261	63.4	27.6	9.0
1973	6 717	60.0	23.0	17.1
1975	7 743	60.0	24.8	15.2
1978	11 725	56.0	27.9	16.1
1963—1978年年均增长率/%	13.6	10.7	19.1	25.0

注：为满足最终需求的三个组成部分，各部门总产出的百分比份额是基于投入产出表中总产出的当前价格估计。

相比之下，第一产业的总产出增长最慢，平均年增长率为7%，在1963年至1978年间增长至2.8倍。作为该行业产出需求的来源，第一产业的出口需求在三个部门中最低，出口需求增长也最慢，同期平均年增长率为16%。三个部门中它对消费的依赖度最高，而消费需求增长缓慢，期间平均增长6.2%。从1963年到1978年，"其他"部门的总产出以年均14%的速度增长，增长约3.3倍，快于第一产业的产出增长，但慢于制造业的产出增长。这是因为在此期间，该部门出口总产出的需求以年均25%的速度增长，快于第一产业产出的出口需求，但慢于制造业。因此，"其他"部门对总产出出口需求的依赖度从4%增加到16%。在同一时期，该部门对其产出的消费需求依赖从82.5%降至56%，而对固定资本形成的依赖从14%增至28%。20世纪

70年代末,该部门对其产出的固定资本形成总值需求的依赖程度远远高于其他两个部门对固定资本形成总值的依赖程度。

正如前面已经讨论过的那样,出口对部门一级经济活动的增长也有着最强大的影响。然而应当指出的是,迄今为止所讨论的只是出口所产生的部分影响。根据表3.4,1978年经济总量的26.4%是为了满足出口需求而生产的。虽然很重要,但出口不是唯一的影响。此外,出口必然对经济产生间接影响,因为它影响到其他组成部分,即消费和固定资本形成。不用说,如果不是出口,国内生产总值会小得多,消费支出也是。同样,固定资本形成肯定比没有出口时要大得多,因为快速的出口扩张无疑创造了赢利的商业机会,但是估算比没有出口时大多少超出了本书的范围。尽管如此,表3.4和表3.5肯定只显示了出口对经济增长的部分影响。根据这些表格,如果说1978年零出口对经济的影响只是使总产出减少26.4%,就过于轻描淡写了。

此外,由于扩大出口(实际上是扩大贸易),还出现了另一种"贸易收益",这无法从表3.4或表3.5中看出。扩大出口所带来的产业结构变化,在一定程度上反映了企业家的决定,这必然意味着经济资源因此得到了更好的利用,因为可以假设,企业家会将更多可支配的资源分配给回报率较高,而不是回报率较低的活动。随之而来的生产率提高也应被视为出口(和进口)扩张带来的收益。

第三节　资本积累

资本积累是经济增长和工业化过程的一个核心特征,它使劳动力充裕的经济体成为资本充裕的经济体。从1963年到1979年,经济以每年10%左右的速度增长,如表3.1所示,固定资本形成总值以每年19.5%的速度增长了近两倍。这在很大程度上得益于政府政策。1961年上台的新政府在随后几年努力吸引外资,并在20世纪60年代中期进行了金融改革,以调动国内金融储蓄。在这一关键时刻采取的这些政策措施产生的影响,无论是有意的还是无意的,都值得注意和讨论。

一、外国贷款和金融改革政策

20世纪50年代,贸易账户一直处于赤字状态,外汇短缺严重。[1] 如第一章所述,在这十年的后半期,年贸易赤字平均约为3.5亿美元,年进出口平均约为2 000万美元和3.7亿美元。曾为贸易逆差提供资金的对外援助在1957年达到顶峰,随后几年下降:1957年,它为87%的进口提供资金,1963年降至39%。在这种情况下,外国贷款被视为应对外汇短缺的主要政策工具,尽管随着公共来源"软"贷款的减少和商业来源"硬"贷款的增加,

---

[1] 本小节中的事实信息主要来自 Frank, Kim, and Westphal(1975)以及 Cole and Park(1983)。

外国贷款变得越来越昂贵。外国贷款是必要的,另一个原因是1962年至1966年《经济发展第一个五年计划》和后续计划中的许多项目都需要外国资本货物。

1960年《吸引外资法》颁布;1962年7月,政府增加了两个程序以促进外国资本流入:一个是使用资本货物出口国的出口信贷,另一个是提供政府对外国贷款的还款担保。对于还款担保,韩国借款人和外国贷款人之间安排的外国贷款必须得到当时经济政策协调部经济规划委员会(Economic Planning Board)的批准,然后由韩国银行发布还款担保。政府还提供了税收优惠,如对外国贷款人和投资者的收入全部或部分免征所得税。

另一个对资本积累有重要影响的政策是1965年9月的金融改革。改革提高了银行存款利率,其中幅度最大的是将新的18个月定期存款的年利率从15%提高到30%;普通银行贷款的利率也提高了,但幅度没有那么大。这项改革旨在吸引国内金融储蓄进入银行业,银行业曾经在不受监管的金融市场借贷,或购买实物和资产以对冲通胀。通货膨胀率在20世纪50年代和60年代一直很高,1964年达到近30%。因此,银行存款利率的实际值往往为负值。相比之下,不受监管的金融市场的利率是最高利率的三到四倍,而最高利率是反高利贷法规定的15%。

对金融改革的反应是巨大的。定期存款和储蓄存款在三个月内增长了40%以上,在接下来的三年中每年都翻了一番。1965年底,定期存款和储蓄存款是国民生产总值的3.9%,这一比例到1969年底上升为32.7%。正如改革所预期的那样,这被理解为流动资产从不受监管的金融市场向受监管的金融市场的转移(尽管没有关于这种转移的估计)。根据科尔和朴(Cole and Park, 1983),"当时有充分的证据表明个人和企业正在调整其资产持有量"①。

金融改革还有一个同样重要的后果:它加剧了韩国银行和外国银行之间的利率差距。这一点加上1962年引进的外国贷款还款担保,使得大量外国资本流入。三年内到期的外债从1962年的几乎为零增加到1968年的7 000万美元,与当年的外汇收入相比,这几乎是40%。1966年,政府修订了《吸引外资法》,并限制了还款担保,规定此类贷款产生的年度债务偿还不得超过年度外汇收入总额的9%。1965年韩日邦交正常化也增加了外国资本的流入,因为韩国将在未来十年内从日本获得总额为5亿美元的财产和索赔基金。②

二、 打造资本充足的经济体

如表3.2所示,前一小节讨论的储蓄存款和外国资本流入的增加使得固定资本形成总值占国民生产总值的比例从1960年的11%上升到1979年的32.5%。就增长率而言,从1963年到1979年,固定资本形成总值每年实际增长近20%(表3.1),而人口每年增长2%。因此,曾经劳动力丰富、资本贫乏的韩国

---

① Cole and Park(1983),第203页。
② 此外,日本政府还将向韩国提供3亿美元的商业贷款。Frank, Kim, and Westphal(1975),第106页。

正迅速成为资本丰富的国家。

表3.6显示了对韩国和三个欧洲国家人均固定非居民资本存量总额的一些估计。麦迪逊(Maddison,1995)报告了对1820年至1991年间欧洲国家的估计,单位为"1990年吉尔里-哈米斯元"(1990 Geary Khamis dollar),根据作者的说法,这是一种旨在反映购买力平价的货币单位。对韩国的估算来自表(Pyo,1998),这一估算报告了1954年至1996年的非居民资本存量,单位为1990年不变韩元。如本章附录表3.A5所示,通过把1990年的韩元兑美元汇率应用到所有年份,我将表的估算值换算成1990年的美元,然后将结果简单地除以相应年份的韩国人口,得到以1990年美元计算的固定非居民人均资本存量总额的估计值。

表3.6的第一列显示了人均非居民资本存量的一些基准数据:1 200美元、2 000美元、5 400美元等。其他各列显示了单个国家最接近基准数字的估计值,并在括号中标出此估计值的年份。例如韩国列第一个条目显示:1966年最接近1 200美元基准数字的人均非居民资本存量估计为1 177美元,1979年最接近5 400美元基准数字的为5 297美元。

表3.6 人均固定非居民资本存量总额对比

单位:1990年不变美元

基准数字	韩国	英国	法国	德国
	1 177(1966)		n.a.	n.a
1 200		1 201(1820)		

续表

基准数字	韩国	英国	法国	德国
	1 229（1967）			
2 000	2 004（1972）			
	3 298（1976）	3 438（1890）	n. a.	n. a
	4 538（1978）	4 230（1913）		
	5 297（1979）			
5 400				
		5 535（1950）		
	7 381（1982）			7 754（1950）
8 000				
	8 207（1983）		8 516（1950）	
10 000	10 166（1985）			
	15 598（1989）			
15 700				
		15 792（1973）		
	19 568（1991）			
20 000			20 075（1973）	
25 000	25 028（1994）			
				25 510（1973）

资料来源：韩国的估计数来自表 3. A5，如文中所述，表 3. A5 基于 Pyo（1998）。其他国家的估计数来自 Maddison（1995），第 143 页，表 3a。

注：括号中的数字表示人均资本存量达到估计值的年份。对其他国家的估计以"吉尔里–哈米斯元"为单位，根据麦迪逊（1995）的说法，这反映了购买力平价。n. a. ＝无数据。

该表显示：与欧洲发达经济体相比，韩国的资本积累起步非常晚，但一旦开始就要快得多。例如，英国1820年的人均非居民资本存量估计为1 201美元，略高于韩国1966年的1 177美元（以1990年的不变美元计算）。因此，在20世纪60年代中期，韩国的人均非居民资本存量大致相当于140年前的英国。这两个国家的估计值在5 400美元左右再次相当：1979年韩国的估计值略低，而1950年英国的估计值略高。这两个国家的估计值第三次相当时约为15 700美元：1989年韩国的估计值略低，1973年英国的估计值略高。因此，英国花了130年而韩国花了13年的时间，使人均非居民资本存量从第一个可比水平1 200美元左右，上升到第二个可比水平5 400美元左右；然后，英国用了23年时间而韩国用了10年时间，让估计值从第二个可比水平上升到第三个可比水平，约为15 700美元。同样，1950年法国的人均非居民资本存量为8 516美元，比1983年韩国的8 207美元高出约4%；法国在1973年达到20 075美元，韩国在1991年达到19 568美元。从8 000美元左右上升到20 000美元左右，法国花了23年，韩国花了8年时间。与德国相比，韩国的资本积累也同样迅速。

总而言之，在20世纪60年代中期，韩国的资本充足率（以人均非居民资本存量为代表）与大约140年前的西欧国家相当。在接下来的20年中，相对资本充足率迅速上升。到20世纪90年代初，韩国的人均资本存量与20世纪70年代初的西欧国家相当，大约落后20年。由于资本的迅速积累，韩国经济正迅速变得资本充裕。

三、1972年总统紧急法令

这一令人瞩目的发展有一个阴暗面：企业界的金融结构有所削弱。上面讨论的大多数固定资本形成，20世纪60年代约70%、70年代约75%或更多都是由私营企业形成的，这些企业都受到了出口扩张和经济快速增长的鼓励。问题在于，由于缺乏股本，因此企业通过从各种来源借款为投资提供资金。如上文"快速增长和产业结构变化"一节所述，银行部门存款的增加、外国资本的流入（特别是在20世纪60年代后半期）促进了企业界的投资，企业界同时也通过从场外市场（不受监管的金融市场）借款来融资。因此，快速的资本积累导致企业资产负债表中的债务—权益比率急剧上升：制造业的平均债务—权益比率在20世纪60年代初为1.0，在1971年飙升至4.0。[①] 因此，企业的金融结构变得容易受到商业条件和内部环境变化的影响。

随后，韩国国内外同时出现了一些不利的事态发展。韩元兑美元汇率从1965年底的271.5韩元兑1美元升至1971年底的373.3韩元兑1美元。当然，这意味着在一定数额的外国借款中，企业以韩元支付的债务负担会成比例增加。自20世纪60年代末以来，世界经济一直在放缓，特别是当时韩国最大的贸易伙伴美国经济在1970年陷入衰退。韩国总出口的实际增长率

---

① Krueger and Yoo(2002).

从 1968 年的 42%下降到 1971 年的 21%(表 3.1)。此外,尼克松(Nixon)总统在 1971 年 8 月宣布了一系列措施来捍卫美元,包括对所有进口产品征收 10%的附加关税。那时,韩国企业对出口的依赖性在多年的出口快速扩张后已大幅增长:在制造业总产出中,1963 年出口占 7%,而 1970 年为 21%(表 3.5)。

20 世纪 70 年代初,许多韩国公司发现自己陷入了严重的财务困境,有些公司破产了。① 最大的威胁来自场外交易市场。场外交易市场贷款利率很高,若放贷人要求偿还贷款,企业很容易破产。如果借款人的风险被认为很高,放贷人会在到期日之前要求偿还贷款或兑现本票。因此可能出现破产的连锁反应和随之而来的经济混乱。如果一些大公司破产并波及分包商,银行业的贷款能力将受到损害,这反过来可能导致破产的蔓延。因为如上所述,企业部门的债务—权益比率非常高,平均为 4.0。1971 年 6 月,由大型企业组成的韩国工业联合会(Federation of Korean Industries,FKI)直接请求总统帮助企业部门摆脱财务困境。

1972 年 8 月 3 日,总统发布了一项紧急法令,废除了场外交易市场放贷人和借款人之间的所有现有贷款合同,取而代之的是每月利率为 1.35%的新合同,五年内偿还,宽限期为三年。根据韩国银行的一项调查,1971 年场外交易市场的平均贷款利率为每月 3.84%,因此该法令将借款人的债务负担降低到原来的三分之一。

---

① 本小节其余部分的事实信息大多取自 Kim(2011),尤其是第十六章"暂停限制贷款"。

放贷人和借款人应向政府机构报告现有的贷款合同,场外交易市场放贷人有权将其贷款转换为借款公司的股权。政府曾估计场外交易市场贷款的金额在600亿至1 000亿韩元之间,而韩国工业联合会的估计约为1 800亿韩元。报告的贷款总额为3 456亿韩元,相当于当时货币供应总量的80%,当年政府预算的58%。

紧急法令在短期内非常成功。令人担忧的破产或金融崩溃的连锁反应没出现;相反,经济增长率从1972年的7%跃升到第二年的14.9%。然而,这并不是一个无条件的成功,因为它有一些不良的长期后果。该法令向商界发出了清楚明了的信息:如果企业陷入财务困境,政府将为其纾困。显然,公司越大,救援的可能性就越大。这对他们来说和隐性破产保险没什么不同。因此,"太大而不能倒"成为一种商业信条,对企业行为产生了强大而持久的影响。于是企业,尤其是大型企业集团,在不太关注利率的情况下继续进行投资。企业界的平均资产回报率始终低于20世纪70、80和90年代的利率,而股本的平均回报率往往低于80和90年代的利率。[1] 公司部门的平均债务—权益比率1971年已上升至4.0,直到20世纪90年代末,大部分年份都保持在3.0以上。大型企业集团的这种薄弱的金融结构是它们在亚洲货币危机时破产,以及1998年韩国经济负增长6.7%的主要原因之一。[2]

---

[1] Joh(1999).
[2] 相比之下,从20世纪70年代中期到90年代末,美国企业界的平均债务—权益比率一直低于2.0。见Krueger and Yoo(2002)。

附　录

表 3.A1　国民生产总值的最终需求构成

单位：%

年份	消费 合计	私营	政府	固定资本形成总值	出口	进口（-）	总和
1960	99.2	84.7	14.5	10.8	3.4	12.7	100.70
1961	97.1	83.5	13.6	11.7	5.4	14.9	99.30
1962	96.8	82.8	14.0	13.7	5.0	16.6	98.90
1963	91.3	80.4	10.9	13.5	4.7	15.8	93.70
1964	91.3	82.8	8.5	11.3	5.9	13.5	95.00
1965	92.6	83.3	9.3	14.8	8.5	15.9	100.00
1966	88.2	78.2	10.0	20.2	10.3	20.1	98.60
1967	88.6	78.4	10.2	21.4	11.3	21.8	99.50
1968	84.9	74.5	10.4	25.0	12.6	25.2	97.30
1969	81.2	70.9	10.3	25.8	13.3	25.1	95.20
1970	82.7	72.3	10.4	24.4	14.2	24.0	97.30
1971	84.6	73.9	10.7	22.5	15.7	26.3	96.50
1972	84.3	73.4	10.9	20.6	20.3	25.2	100.00
1973	76.5	67.3	9.2	24.0	30.1	33.2	97.40
1974	79.6	69.4	10.2	25.5	28.2	39.8	93.50
1975	81.4	70.9	10.5	26.0	28.1	36.9	98.60
1976	76.9	65.6	11.3	23.8	32.8	34.6	98.90
1977	74.9	63.2	11.7	26.0	35.1	35.1	100.90
1978	73.6	62.1	11.5	30.7	33.7	36.5	101.50

续表

年份	消费 合计	消费 私营	消费 政府	固定资本形成总值	出口	进口（-）	总和
1979	73.5	62.3	11.2	32.5	30.3	37.0	99.30
1980	80.1	67.1	13.0	32.7	37.7	44.8	105.70
1981	80.4	67.3	13.1	28.5	41.4	45.6	104.70

资料来源：韩国银行《经济统计年鉴》，1980、1983。

注：本表中的构成基于按现行价格计算的国民生产总值估计数。固定资本形成总值等于总投资减去库存变化。进出口包括非要素服务贸易和商品贸易。由于统计差异，并且由于库存变化不包括在内，支出构成的总和并不总是等于100%。

表3.A2 各部门在国民生产总值中的份额

单位:%

年份	第一产业	农渔业	矿业	制造业	其他
1960	38.6	36.5	2.1	14.3	47.1
1961	40.6	38.7	1.9	14.3	45.1
1962	38.6	36.6	2.0	14.3	47.1
1963	44.8	43.1	1.7	14.5	40.7
1964	48.2	46.5	1.7	15.5	36.3
1965	39.6	37.6	2.0	17.9	42.5
1966	36.2	34.4	1.8	18.4	45.4
1967	31.9	30.1	1.8	18.8	49.3
1968	29.8	28.3	1.5	19.3	50.4
1969	29.0	27.6	1.4	20.1	50.9
1970	28.3	26.8	1.5	20.8	50.9
1971	28.4	27.0	1.4	21.0	50.6
1972	27.6	26.4	1.2	22.2	50.2
1973	26.2	25.0	1.2	24.8	49.0

续表

年份	第一产业	农渔业	矿业	制造业	其他
1974	26.0	24.8	1.2	26.1	47.9
1975	26.4	24.9	1.5	26.5	47.1
1976	25.0	23.8	1.2	27.6	47.4
1977	24.4	23.0	1.4	27.0	48.6
1978	23.3	21.9	1.4	27.0	49.7
1979	21.6	20.5	1.1	26.9	51.5
1980	17.7	16.3	1.4	28.8	53.5
1981	19.3	17.9	1.4	29.6	51.1

资料来源：韩国银行《经济统计年鉴》，1980、1983。

注：各部门份额是根据各部门国民生产总值的现行价格估算得出的。

表3.A3　以不变价格估算的总产出

年份	国民生产总值			总产出/十亿韩元	
	时价/十亿韩元 (1)	1975年不变价格/十亿韩元 (2)	紧缩指数 (3)=(1)/(2)	时价 (4)	1975年不变价格 (5)=(4)/(3)
1963	503	3 351	0.150	798.6	5 320.4
1966	1 037	4 378	0.237	1 708.3	7 212.3
1968	1 653	5 196	0.318	2 821.3	8 868.5
1970	2 684	6 363	0.422	4 934.1	11 697.4
1973	5 238	8 463	0.619	9 960.7	16 093.5
1975	9 793	9 793	1.000	20 605.8	20 605.8
1978	22 918	13 877	1.652	49 735.7	30 115.3

资料来源：列(1)和列(2)摘自韩国银行1983年《经济统计年鉴》，列(4)的数字来自指定年份的投入产出表，可在韩国银行网站 ecos.bok.or.kr 查询。

表 3.A4　按部门分列的总产出和最终需求

单位：当时的十亿韩元

年份	部门	消费	固定资本形成	出口	总产出
1963	第一产业	222.8	3.6	6.7	233.1
	制造业	188.6	25.7	15.4	229.7
	其他	277.2	45.8	12.9	335.8
1966	第一产业	459.4	11.1	31.1	501.5
	制造业	399.2	88.4	90.5	578.1
	其他	414.7	150.9	63.2	628.8
1968	第一产业	612.7	19.5	45.9	678.1
	制造业	663.6	180.8	180.3	1 024.7
	其他	690.9	300.8	126.9	1 118.6
1970	第一产业	841.5	53.5	71.5	966.5
	制造业	1 045.8	334.8	367.9	1 748.6
	其他	1 407.2	612.4	199.4	2 219.1
1973	第一产业	1 347.2	56.6	181.7	1 585.5
	制造业	1 955.1	551.4	1 711.2	4 217.7
	其他	2 492.6	955.7	709.2	4 157.5
1975	第一产业	2 642.6	114.2	363.5	3 120.3
	制造业	4 624.6	1 458.2	3 659.7	9 742.5
	其他	4 642.2	1 920.2	1 180.5	7 742.9
1978	第一产业	6 076.0	290.8	686.2	7 053.0
	制造业	9 897.9	4 111.4	9 310.2	23 319.5
	其他	10 849.8	5 400.8	3 112.6	19 363.2

注：该表显示了三个经济部门，即第一产业、制造业和其他，为直接和间接满足最终需求（消费、固定资本形成总值和出口）而产出的总产值。我通过将相应的直接和间接需求系数乘以最终需求向量来估计20世纪60年代每个部门的总产出，其结果是每个部门生产的总产值满足所有行业产品的最终需求。然后对属于第一产业、制造业等部门的结果进行总结。例如，上表所示的第一产业和1963年消费列中的2 228亿韩元代表了属于第一产业的行业当年生产的以当时价格计算的产值，以满足所有行业产出的最终消费需求。对于20世纪70年代的那些年份，直接和间接需求只需从投入产出表读取即可。

表 3.A5　1963—1995 年韩国固定非居民资本存量总额

年份	固定非居民资本存量总额/ 1990 年百万美元 （1）	人口/百万 （2）	人均非居民资本存量/美元 （3）=（1）/（2）
1965	32 048	28.705	1 116
1966	34 285	29.436	1 177
1967	37 029	30.131	1 229
1968	40 798	30.838	1 323
1969	46 447	31.544	1 472
1970	52 572	32.241	1 672
1971	59 650	32.883	1 814
1972	67 157	33.505	2 004
1973	76 913	34.103	2 255
1974	88 448	34.692	2 550
1975	101 365	35.281	2 923
1976	118 224	35.849	3 298
1977	140 412	36.412	3 856
1978	167 783	36.969	4 538
1979	198 835	37.534	5 297
1980	227 810	38.124	5 975
1981	257 699	38.723	6 655
1982	290 272	39.326	7 381
1983	327 539	39.910	8 207
1984	369 396	40.406	9 142
1985	414 840	40.806	10 166

续表

年份	固定非居民资本存量总额/ 1990 年百万美元	人口/百万	人均非居民资 本存量/美元
	(1)	(2)	(3) = (1) / (2)
1986	465 018	41.214	11 283
1987	525 569	41.622	12 627
1988	587 655	42.031	13 981
1989	662 121	42.449	15 598
1990	749 825	42.869	17 491
1991	846 657	43.268	19 568
1992	933 379	43.663	21 377
1993	1 012 536	44.056	22 983
1994	1 112 592	44.453	25 028
1995	1 235 138	44.851	27 539

资料来源：列(1)来自 Pyo(1998) 以 1990 年不变韩元估算的非居民资本存量，我以当年的韩元—美元汇率转换为 1990 年的美元。列(2)韩国人口的数字来自国家统计局(National Statistical Office)《韩国足迹》(Footsteps of Korea), 1995。

参考文献

Bank of Korea, 1965, 1972, 1975, 1980, 1982, 1983, 1984, *Economic Statistics Yearbook*(《经济统计年鉴》), Seoul: The Bank of Korea.

Cole, David C., and Yung Chul Park, 1983, *Financial Development in Korea, 1945—1978*(《1945—1978 年韩国金融发展》), Cambridge, MA: Council on East Asian Studies, Harvard University.

Frank, Charles R., Jr., Kwang Suk Kim, and Larry E. Westphal, 1975, *Foreign Trade Regimes and Economic Development: South Korea*(《韩国对外贸易制度与经济发展》), New York: National Bureau of Economic Research.

Joh, Sung Wook, 1999, "Profitability of Korean Firms before the 1997 Economic Crisis"(《1997年经济危机前韩国公司的赢利能力》), *KDI Journal of Economic Policy*(《韩国发展研究院经济政策杂志》), December, Vol. 21, No. 2 (in Korean), pp. 3 – 54.

Kim, Chung-yum, 2011, *From Hope to Despair: Economic Policymaking in Korea 1945 – 1979*(《从希望到失望: 韩国 1945—1979 年的经济决策》), Seoul: Korea Development Institute.

Krueger, Anne O., and Jungho Yoo, 2002, "Falling Profitability, Higher Borrowing Costs, and Chaebol Finances during the Korean Crisis"(《韩国危机中的利润削减、高借贷成本与财阀金融》), in David T. Coe and Se-Jik, Kim (eds), *Korean Crisis and Recovery*(《韩国危机与复苏》) (pp. 157 – 196), Washington, DC: IMF.

Maddison, Angus, 1995, *Explaining the Economic Performance of Nations: Essays in Time and Space*(《各国经济表现解读: 时空视角》), Aldershot: Edward Elgar.

Pyo, Hak K., 1998, *Estimates of Fixed Reproducible Tangible Assets in the Republic of Korea, 1954 – 1996*(《1954—1996 年韩国固定再生有形资产估算》), Seoul: Korea Institute of Public Finance.

第四章 | 20 世纪 70 年代的产业政策

20 世纪 70 年代初,韩国经济正处于前一章讨论的转型时期,政府大规模实施了一项旨在升级产业结构的产业政策。① 1973 年 1 月 12 日,在新年记者招待会上,朴正熙总统宣布"政府特此宣布重化工业政策,高度重视促进重化工业发展的措施"②。6 月,政府发布了重化工业促进计划。在接下来的 6 年里,政府尽最大努力促进 6 个选定行业的发展:钢铁、有色金属、电子、化工、通用机械和造船。1979 年 4 月,政府发布了《全面稳定计划》(Comprehensive Stabilization Program),该计划旨在通过调整选定行业的投资速度和金额来恢复经济稳定,重化工业运动就此结束。该计划还强调了市场机制和保守的财政政策管理等的重要性。重化工业活动的经验值得仔细检查和评估,因为它是关于政府在发展经济中的适当作用的争论核心。

---

① 本章借鉴了 Yoo(1990,2012),以及 Stern,Kim,Perkins,and Yoo(1995)第四章。
② 总统秘书办公室(the Office of the Secretary to the President,1976),第 39 页。

第一节　重化工业政策的背景

在重化工业驱动出现之前,就已经存在分别发展重工业和化学工业的尝试。例如,1962 年政府颁布了一项保护国内汽车工业的法律,1967 年颁布了一项机械工业促进法。1966 年的《石油化工综合发展计划》促成了 1968 年蔚山石油化工厂的建造。此外,一家综合性钢厂于 1970 年始建,并于 1973 年完工,现已成为著名的浦项制铁公司。然而,重化工业政策不同于这些早期的努力,因为政府考虑到了特定的产业结构,并打算相应地重塑制造业。为此,政府在项目一级制定了详细的投资计划,包括时间表和地点。有关经济中资源分配的主要决定由政府作出,因而对经济的干预力度大、强度高。一位密切关注这场运动的观察者这样说:"这些努力的最终结果是将私人主导的市场经济转变为政府控制的市场经济,市场机制在很大程度上被促进重化工业的强制性计划所取代。"[1]重化工业政策在很大程度上改变了过去十年的出口促进政策。

出口促进政策如此成功,为什么要改变策略?有几个原因:一个是新出现的安全问题。在整个 20 世纪 60 年代,美国一直在与北越作战,这种情况在美国越来越不受欢迎。1969 年,新当选的尼克松总统宣布:美国将履行其对盟国的条约承诺,但主要

---

[1] Lee(1991),第 442 页。

是在空军和海军方面,而不是陆军。1971年初,尼克松政府从韩国撤出了第7师约20 000名士兵,使驻韩美国地面部队数量减少了三分之一。这被理解为在不久的将来最终全面撤军的开始,韩国人对国家安全的不确定感大大增强,因为韩国人认为朝鲜和韩国之间军事力量的不稳定的平衡是由美军的存在维持的,而美军的存在也被视为在朝鲜进攻时得到美军增援的保证。这种对国家安全的关注在政府推动重化工业发展的决定中起到了一定的作用。重化工业预计将成为国防工业的基础。

重化工业政策的另一个原因是发达工业国家保护主义抬头,这是针对来自发展中国家的劳动密集型进口的。许多保护措施以针对倾销和补贴等不公平行为的惩罚性行动为幌子。一些有计划的市场销售安排被制定出来,如《棉纺织品国际贸易安排》(Arrangements regarding International Trade in Cotton Textiles),或后来的《多纤维安排》(Multi-Fiber Arrangement)。这种日益增长的保护主义被认为是对未来韩国出口的威胁,而韩国出口的主要目的地是发达工业国家。此外,人们还担心东南亚二线新兴工业化国家(newly industrializing country,NIC)的追赶,即印度尼西亚、马来西亚和泰国。随着这些国家开始促进出口,效仿韩国和其他东亚经济体的例子,韩国可能很快就会被工资标准低于韩国的国家夺走劳动密集型产品的出口市场,这一可能性不容忽视。潜在的更大威胁是中国可能成为世界市场上的竞争对手,因为中国拥有庞大的劳动力,工资标准仍低于二线国家。尼克松总统早在1972年就访问了中国,美国和中国宣布两国将努力实现外交关系正常化。

给予重化工业政策支持的另一个重要发展是贸易平衡恶化,如表4.1所示。在20世纪60年代和70年代,出口的增长速度高于进口,但出口的增长基数很小,而且出口对进口的依赖程度也在上升。用于出口生产的中间投入品和资本货物的进口正在迅速增加。表中列(5)为海关对出口生产中间投入品进口的估计,列(6)为这些估计值占出口的百分比,该比值从1964年的6%上升到20世纪70年代初的近50%。列(7)显示了资本货物进口与出口的百分比,有时约为100%。

表4.1　1963—1974年韩国的出口和进口

年份	贸易差额/百万美元	出口/百万美元	进口/百万美元	资本货物进口/百万美元	用于出口生产的进口/百万美元	出口的进口含量/%	资本货物进口对出口/%
	(1)	(2)	(3)	(4)	(5)	(6)=(5)/(2)	(7)=(4)/(2)
1963	-474	87	560	116	—	0.0	133.2
1964	-285	119	404	69	7	5.8	58.4
1965	-288	175	463	60	10	5.9	34.3
1966	-466	250	716	172	101	40.4	68.6
1967	-676	320	996	310	135	42.2	96.8
1968	-1 008	455	1 463	533	213	46.8	117.1
1969	-1 201	623	1 824	593	297	47.7	95.3
1970	-1 149	835	1 984	590	386	46.3	70.6

续表

年份	贸易差额/百万美元	出口/百万美元	进口/百万美元	资本货物进口/百万美元	用于出口生产的进口/百万美元	出口的进口含量/%	资本货物进口对出口/%
	(1)	(2)	(3)	(4)	(5)	(6)=(5)/(2)	(7)=(4)/(2)
1971	-1 327	1 068	2 394	685	506	47.4	64.2
1972	-898	1 624	2 522	762	688	42.3	46.9
1973	-1 015	3 225	4 240	1 157	1 556	48.2	35.9
1974	-2 391	4 460	6 852	1 849	2 039	45.7	41.4

资料来源：经济规划委员会《韩国主要经济统计》(*Major Statistics of the Korean Economy*), 1983。

当时，人们普遍认为贸易平衡正在恶化，这一观点可以在"教授评审委员会"的报告中看到。一批知名教授每年根据五年发展计划审查经济进展情况，并向政府提出建议。[1] 委员会在20世纪60年代末和70年代初的报告一直对不断增加的贸易赤字表示严重关切。其诊断是，出口对中间投入品和资本品进口的高度依赖是由于韩国的"跛行"产业结构，即相对发达的消费品产业和落后的资本品产业。基于此，委员会建议对中间投入品和资本货物实行进口替代。事实上，人们普遍认为，解决当今日益严重的经济问题的办法应该是促进重化工业。

---

[1] Evaluation Committee of Professors, *Evaluation Report of 5 Year Development Plan* (《五年发展计划评估报告》), Seoul: Office of the Prime Minister (various issues).

第二节 重化工业驱动的政策措施

从 1973 年 6 月重化工业运动开始到 1979 年 4 月《全面稳定计划》发布,政府尽最大努力确保该活动取得成功。负责策划的重化工业促进委员会专门设立在总统办公室,由负责经济事务的总统第二高级秘书领导。政府调动了所有可以想象的政策措施,就像它在过去十年中为促进出口所做的那样,这次是为了发展选定的重工业和化学工业。政府还建立了新的工业园区并为关键项目精心挑选企业家,这些企业家最初由于投资需求大和前景不确定而不愿参与这项活动。本节讨论政府为这项运动所采取的政策措施。方便起见,本节在讨论中将制造业分为两组:"重化工业组"和"轻工业组"。重化工业组包括重化工业政策旨在促进的六个行业,轻工业组则包括其余的制造业。

首先要讨论的政策措施是税收政策优惠。税收优惠待遇的条件和法律依据在促进特定行业的特别法律和《税收减免控制法》中有明确规定。该税法于 1974 年修订,为属于重化工业组的公司提供税收优惠,如免税期、固定资本特别折旧、临时投资税收抵免等。1979 年政府停止重化工业活动后,该税法于 1981 年再次修订,这次修订实质上是对上一次修订的逆转。图 4.1 以图形表示了郭(Kwack,音译)(1985)估计的 20 世纪 70 年代向重化工业组提供的税收优惠。作者在假设企业充分利用税收制度提供的主要激励的前提下,估计了假设的"资本边际收益的有效税率",同时考虑了法定税率、各种税收激励等,以及通货膨胀率。[①]

如图所示,在《税收减免控制法》首次修订后,重化工业组的这些公司如果充分利用税收激励,可以将资本边际收益的有效税率从30%左右降低到20%以下。另一方面,轻工业组公司的有效税率从40%提高到50%左右。该图清楚地显示了重化工业驱动对这两组的区别对待程度。1981年的税制改革消除了歧视。

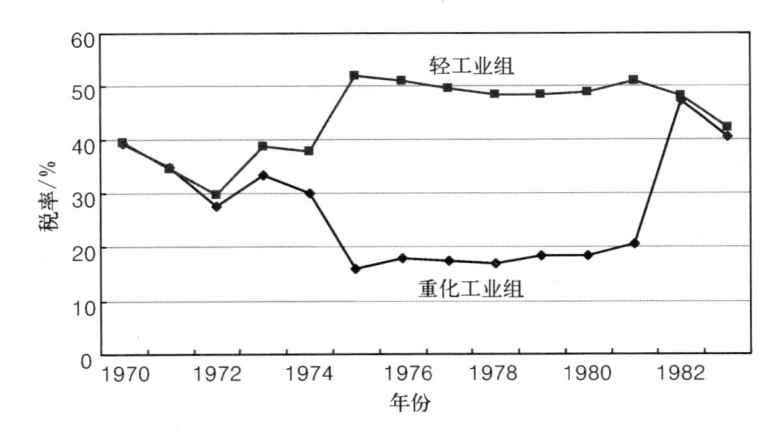

图4.1　1970—1983年公司实际税率

资料来源：表4.A1。

进口限制是政府为推动重化工业而采用的另一个政策工具。自20世纪60年代中期以来,贸易政策一直呈现自由化趋势。1967年,韩国加入关税及贸易总协定之际,进口数量限制制度已从"肯定清单制度"转变为"否定清单制度"。否定清单制

[①] Kwack(1985),第63—65页。

度列出了在事先获得政府批准的情况下可以进口的物品；所有其他物品均为自动批准项目，可在未经批准的情况下进口。如第二章图 2.2 所示，1967 年，自动批准项目在可进口货物总清单中的比例从 9% 跃升至 59%。然而，这一进口政策的自由化趋势被叫停或有所逆转。自动批准项目的比例在 20 世纪 70 年代初略有下降，在 70 年代后半下降到 50% 以下（第二章图 2.2 及其附录表 2.A2）。20 世纪 70 年代的下降主要是由于对重化工业行业的保护力度加大，因为这些行业生产的产品被重新列入否定清单：主要是化学品（属于 SITC 5）以及非电动机械、电动机械和运输设备（属于 SITC 7）。[①] 政府还采取了其他贸易政策措施，比如减少出口商的损耗津贴，提高购买国产机器公司的投资税收抵免，等等。

重化工业驱动最有力的工具可能是被称为"定向信贷"的信贷政策及优惠利率。"定向信贷"政策是通过已国有化的商业银行和 1974 年政府为筹集可投资资金而设立的国家投资基金实施的。在重化工业驱动之前，政府就对商业银行的信贷分配进行了大量干预。如表 4.2 所示，在 20 世纪 70 年代初，政策性贷款在国内信贷中所占的份额已经很大，几乎占总额的一半。在重化工业驱动期间，它进一步增加，在 20 世纪 70 年代末和 80 年代初占 60% 左右，然后到 1985 年下降到 50% 左右。本章附录的表 4.A2 显示，在流向制造业的增量信贷中，1973 年和 1974 年分配给重化工业的比例分别为 36% 和 32%，1975 年这一比例跃升

---

① Kim(1988)，第 18—25 页。

至66%,在70年代剩下的时间里保持在60%左右。

表4.2 政策性贷款在国内信贷中的份额

年份	所有政策性贷款/%	对外贸易/%	指定用途/%	非指定用途/%	增量比率/%	国内信贷/十亿韩元
	(1)	(2)	(3)	(4)	(5)	(6)
1970	47.8	5.6	19.4	22.5	n.a.	1 005
1971	48.3	6.1	18.2	24.0	29.1	1 311
1972	53.8	6.7	26.2	20.9	8.3	1 636
1973	55.2	10.5	24.1	20.6	19.8	2 164
1974	53.2	11.2	21.3	20.6	20.6	3 242
1975	53.1	9.0	20.0	24.1	37.4	4 096
1976	52.2	10.0	19.2	23.1	19.1	5 184
1977	55.1	10.4	19.5	25.2	33.0	6 610
1978	60.2	10.8	20.6	28.8	36.4	9 691
1979	58.5	0.6	17.5	30.4	34.3	13 672
1980	59.1	11.5	16.8	30.7	31.7	19 413
1981	58.0	12.7	17.3	28.1	18.2	24 711
1982	53.8	12.3	15.1	26.4	20.3	31 317
1983	53.7	12.7	16.8	24.2	11.8	36 886
1984	52.6	12.7	17.8	22.1	7.7	42 233
1985	51.5	12.9	17.8	20.9	14.4	50 415

资料来源:经济规划委员会《主要经济指标》(*Major Economic Indicators*),1986;韩国银行《我国金融体系》(*Financial System of Our Country*),1986;财政部(Ministry of Finance)《财政和金融统计》(*Fiscal and Financial Statistics*),1981;韩国银行各期《经济统计年鉴》。

注:国内信贷包括韩国银行、存款货币银行和两个开发机构(即韩国开发银行和韩国进出口银行)向私营企业提供的所有贷款和折扣。"对外贸易"主要指存款货币银行向出口商提供的贷款和韩国进出口银行提供的所有贷款。"指定用途"是指用于农业、中小企业和住房建设的政府资金和贷款。"非指定用途"是指由国家投资基金资助的贷款、外币贷款以及韩国开发银行提供的所有贷款。"增量比率"是"非指定用途"的增量与国内信贷增量的比率,以百分比表示。n.a.=无数据。

表 4.3 显示了 1961 年至 20 世纪 80 年代初的普通贷款利率、列（1）的"商业票据贴现"、两种政策性贷款以及通货膨胀率。在此期间，虽然出口贷款的利率始终最低，但列（3）所示的"机械工业促进贷款"的利率是次低，这是重化工业驱动项目优惠性质的一个例子。该笔贷款的利率远低于列（1）中商业银行对商业票据收取的贴现率。更重要的是，它低于列（4）中 20 世纪 70 年代除两年外的所有年份所示的通货膨胀率。

表 4.3　1961—1983 年利率与通货膨胀率

单位：%

年份	商业票据贴现（1）	用于出口的贷款（2）	机械工业促进贷款（3）	消费者物价指数百分比变化（4）
1961	13.9	13.9	n.a.	8.2
1962	13.9	12.7	n.a.	6.6
1963	13.9	9.1	n.a.	20.6
1964	14.0	8.2	n.a.	29.6
1965	16.5	7.6	n.a.	13.5
1966	24.0	6.5	n.a.	12.0
1967	24.0	6.3	n.a.	10.9
1968	24.3	6.0	12.0	11.2
1969	25.2	6.0	12.0	10.0
1970	24.3	6.0	12.0	12.7
1971	22.9	6.0	12.0	13.5
1972	17.7	6.0	10.1	11.5

续表

年份	商业票据贴现 (1)	用于出口的贷款 (2)	机械工业促进贷款 (3)	消费者物价指数百分比变化 (4)
1973	15.5	6.6	10.0	3.2
1974	15.5	8.9	11.1	24.5
1975	15.3	7.6	12.0	25.2
1976	16.3	7.4	12.4	15.3
1977	16.7	8.0	13.0	10.2
1978	17.8	8.5	14.1	14.5
1979	18.8	9.0	15.0	18.3
1980	24.1	14.8	20.2	28.7
1981	19.4	15.0	17.9	21.3
1982	12.3	10.8	12.1	7.3
1983	10.0	10.0	10.0	3.4

资料来源：韩国银行各期《经济统计年鉴》。

注：本表所示利率为加权平均值，权重为某一年内有效的月数。当资料来源报告的利率范围为一年时，取该范围的中点。n.a.＝无数据。

第三节 重化工业驱动和资源分配

重化工业驱动的这些政策优惠必然影响了资源分配。表4.4显示了20世纪70年代制造业的设施投资，以及有多少投资流向重化工业组。重化工业组的投资比例从1973年和1974年的61%左右增加到20世纪70年代末的近80%。虽然很有可能很大一部分增长是因为政策优惠的影响,但也可能是出于其他原因。一方面,重化工业的生产技术往往更加资本密集,这意味着重化工业组的投资需求总体上高于轻工业组。

表4.4　制造业的设备投资

年份	所有产业/十亿韩元	制造业/十亿韩元（A）	重化工业组/十亿韩元（B）	重化工业组设备投资占比/%（B/A）
1973—1974	1 054	707	434	61.4
1975	1 098	621	481	77.5
1976	1 279	838	622	74.2
1977	2 026	1 380	1 040	75.4
1978	3 125	2 148	1 719	80.0
1979	3 734	2 469	1 870	75.7

资料来源:Lee(1991),第452页,表17.11。

政策优惠对资源配置的影响也体现在表4.5中,其中显示了选定年份重化工业组和轻工业组的资本—劳动力比率和资本强度,以及比率随时间的变化。正如预期的那样,重化工业组的平均资本—劳动力比率远高于轻工业组,通常是轻工业组的两倍多,两组的资本密集度都在上升。政策优惠对资源分配的影响在资本—劳动力比率的变化中非常明显,这反映了资本和劳动力成本的变化。由于"定向信贷"政策增加了可投资资金的可用性,并大大降低了重化工业组的资本成本,因此在重化工业驱动期间,重化工业组的资本—劳动力比率必然比轻工业组的增长更快。事实的确如此。在重化工业驱动下,重化工业组资本—劳动力比率的平均年增长率从1966—1973年的2.5%跃升至1973—1980年的9.3%,并在驱动结束后回落至3%以下。相比之下,轻工业组资本—劳动力比率的平均年增长率呈现了镜像变化:它从重化工业驱动前的6.5%下降到驱动期间的5.5%,重化工业驱动结束后再次上升到6.1%。

表4.5 资本与劳动力比率及其变化

单位:%

年份	重化工业组	轻工业组
	资本与劳动力比率 (每名工人一百万韩元,以1980年不变价格为基准)	
1966	6.9	3.1
1973	8.2	4.8
1980	15.3	7.0
1985	17.7	9.4
	资本与劳动力比率年均变化	
1966—1973	2.50	6.45
1973—1980	9.32	5.54
1980—1985	2.96	6.07

资料来源:Yoo(1990),第57页,表13。

重化工业组和轻工业组的资本—劳动力比率的这些对比变化是由重化工业驱动下的政策优惠引起的。对重化工业组的税收政策优惠意味着轻工业组的税率提高;对重化工业组的信贷政策优惠意味着轻工业组的信贷可用性较低、成本较高;加强对重化工业组的保护意味着增加轻工业组的中间投入成本。因此,在重化工业驱动期间,投资从轻工业组转向重化工业组。因此,重化工业驱动的结束对轻工业组意味着税收负担更低、成本更低、信贷增加、可投资资金的可用性增加、赢利能力增加。轻工业组在重化工业驱动结束后,资本—劳动力比率立即增加也就毫不奇怪了。

重化工业政策的效果如何？世界银行(World Bank,1993)通过提出两个问题来检验这种影响。第一:"鉴于要素禀赋,韩国政府的产业政策是否带来了一种出乎意料的产业结构？"第二:"该政策是否提高了生产率？"关于第一个问题,报告发现:尽管政府大力推动重化工业的发展,但是,是相对劳动密集型的纺织和服装业的规模比1988年国际标准预测的要大。关于生产力变化的问题,世界银行发现:

> 尽管韩国政府有选择地推广化学品和钢铁,但1966年至1985年间,除了化工部门,钢铁份额的大幅增长伴随着相当低的全要素生产率(total factor productivity,TFP);另一方面,纺织和服装业的全要素生产率的增长率非常高。

总之,"在这两种情况下,我们的答案都使我们得出结论:产业政策基本上是无效的"[①]。

---

① 世界银行(1993),第312—316页。

第四节　对经济的影响

本节通过提出一个普遍性的平等问题来调查重化工业政策的效果:政策对整个经济的影响是什么？政府为实现政策目标调动了所有可能的政策工具,并就经济中的资源分配作出了重要决策,如本章第一节所述,经济处于一种可称为"政府控制"的状态。这一政策对经济的影响几乎不容忽视。事实上,重化工业驱动是1980年韩国经济出现5.2%负增长的主要原因,下文将对此进行讨论。

自1963年以来,韩国经济一直以前所未有的每年10%左右的增长率增长。在20世纪70年代,这一增长率有时高达15%,如第三章表3.1所示。根据这一经验,在20世纪70年代中期,没有人会预测到经济在哪个时候出现负增长。然而,世事难料。广受赞同的传统观点将负增长归结于三个因素:最常提到的是1979年的第二次"石油冲击",它使国际石油价格翻了一番,并导致世界经济陷入衰退;另一个经常被提及的原因是1980年的"寒冷夏天",农业部门因此对国民生产总值的贡献下降了22%;第三是1979年10月朴正熙总统遇刺后的政治和社会不稳定。因此,传统观点将1980年的负增长归结于非经济因素或韩国无法控制的世界经济事件。换句话说,根据这种观点,经济基本没有问题。

然而,经济出现了严重问题。最重要的迹象是出口恶化。如图4.2所示,出口的年实际增长率在1976年高达43%,在接下来的两年中下降到 26% 和 18%，在 1979 年下降到 -4%。也就是说，在这三个事件发生之前，出口就已经开始减弱，而传统观点认为三个事件是导致负增长的原因。出口恶化导致与出口密切相关的投资下降。如图 4.2 所示，投资的实际增长率从 1978 年的 39% 下降到 1979 年的 9%，1980 年和 1981 年分别出现了 -11% 和 -3% 的负增长。

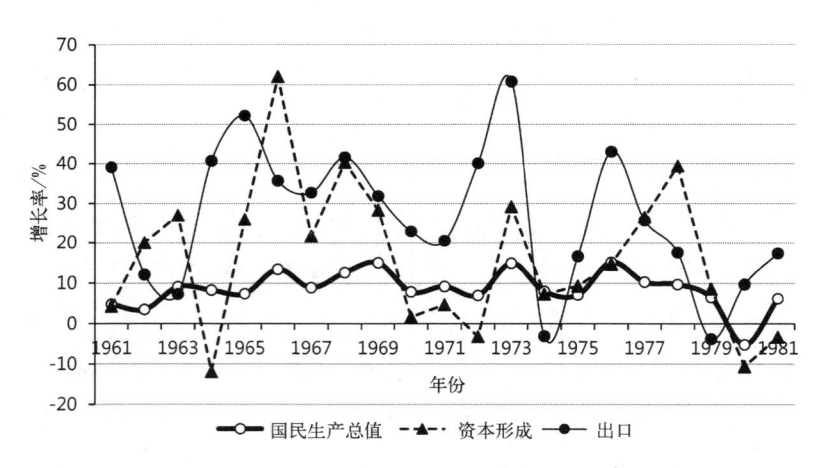

图 4.2　1961—1981 年国民生产总值、固定资本形成总额、出口的增长率
资料来源：第三章，表 3.1。

调查韩国在 20 世纪 70 年代末的出口表现不佳是否以及在多大程度上是由于第二次石油危机的外部因素和/或某些内部因素，是必要的。为了调查这个问题，表 4.6 列出了 20 世纪 70 年代和 80 年代初期韩国在世界总出口市场份额的两种不同衡量标准。"世界出口 1"一列显示了韩国在世界出口中未经调整的市场份额，即以当前价格计算的韩国出口额除以世界出口总

额。韩国出口的这一市场份额在 1974 年第一次石油危机时下降,当时国际石油价格翻了两番;在 1979 年和 1980 年第二次石油危机时再次下降,当时石油价格翻了一番。随着石油价格上涨,韩国的市场份额不可避免地缩小,因为韩国没有生产或出口任何石油;随着石油出口国市场份额的增加,其他国家的市场份额也在减少。需要调查的是,石油价格上涨的这种影响是不是韩国市场份额下降的唯一原因。"世界出口 2"一列显示了调整后的市场份额,即韩国出口除以减去石油输出国组织(欧佩克)成员国出口总额的世界出口总额。这一调整显示了韩国在世界非石油出口市场的份额。有趣的是,这一调整后的韩国市场份额在 1974 年上升,但在 1979 年和 1980 年下降。

表 4.6　1970—1983 年韩国在世界出口中的份额

单位:%

年份	韩国的市场份额		竞争者在世界出口 1 的份额
	世界出口 1	世界出口 2	
1970	0.296	0.315	3.682
1971	0.337	0.364	3.970
1972	0.431	0.465	4.257
1973	0.615	0.669	4.327
1974	0.578	0.690	4.101
1975	0.639	0.745	3.935
1976	0.854	1.007	4.493
1977	0.965	1.129	4.435

续表

年份	韩国的市场份额		竞争者在世界出口1的份额
	世界出口1	世界出口2	
1978	1.059	1.206	4.658
1979	0.988	1.153	4.898
1980	0.937	1.121	5.183
1981	1.157	1.367	5.474
1982	1.271	1.461	5.540
1983	1.462	1.637	5.776

资料来源：Yoo（1990），第92页，表16。
注："世界出口1"是所有国家出口的总和。"世界出口2"是"世界出口1"减去欧佩克成员国的出口。"竞争者"指的是中国香港、以色列、葡萄牙、西班牙、中国台湾和南斯拉夫。

这表明，石油价格上涨并非1979年和1980年韩国在世界出口中市场份额下降的唯一原因。部分原因可能是韩国出口竞争力减弱，或者，可能性很小的原因是世界需求突然从韩国主要出口产品转移。在后一种情况下，韩国的市场份额也将下降。为了确定情况，表4.6最后一列显示了竞争对手在未经调整的世界出口总额中所占的份额，"竞争者"指的是中国香港、以色列、葡萄牙、西班牙、中国台湾和南斯拉夫。20世纪70年代末，这些国家和地区的出口构成比其他国家和地区更类似于韩国。有趣的是，竞争对手的市场份额在1979年和1980年第二次石油危机时上升，表明世界需求没有突然从韩国的主要出口产品转移。这说明第二次石油危机时韩国市场份额下降不是由于竞争对手的竞争力，也不仅仅是因为国际石油价格的上涨，部分原因是出口减弱。

一个有趣的问题是：第二次石油危机时韩国市场份额的下降是否与重化工业驱动有关？换言之，如果没有重化工业驱动，韩国的市场份额会更大吗？这个问题本质上是反事实的，无法对其给出明确的答案。自然科学家可以对两组样本进行实验，即控制组和对照组，除一种变量外，其他方面完全相同，并通过观察两组之间的差异来判断处理效果。但是，在经济学中不可能有这样的实验。

然而，在回答这个反事实的问题时，如果能找到一个除工业政策以外在所有方面都与韩国非常相似的案例，那么接近科学家的实验是可能的。幸运的是，中国台湾相当符合这一要求。在人口超过 1 000 万的国家和地区中，中国台湾的人口密度是世界第二高，韩国是第三高，而这两个地区的自然资源都很贫乏。20 世纪 70 年代，这两个地区的经济发展水平相当，只是中国台湾在 20 世纪 50 年代末开始了外向型发展，比韩国早了几年。制成品占两个经济体出口的大部分。事实上，没有哪个经济体的出口商品构成比 20 世纪 70 年代的中国台湾更接近韩国。在文化上，韩国和中国台湾都有悠久的儒家传统。

两者的一大区别为产业政策：中国台湾也有产业目标政策，但与韩国的重化工业政策完全不同。台湾的产业政策没有那么强的歧视性，因此也基本没有什么针对性。一位著名台湾产业政策观察家认为：

尽管许多政策一开始就针对特定行业,但它们很快被扩展到其他要求同样特权的行业……因此,许多产业政策变得如此普遍,以至于私营企业可以发展他们认为有利可图的产业,而不必过于担心政府的产业目标。[1]

图4.3显示了从20世纪70年代中期到1991年间韩国和中国台湾在经济合作与发展组织制成品进口总额中的占比。20世纪70年代中期,这两个经济体的市场份额几乎没有差别。此后,韩国的份额开始落后于中国台湾:从1978年的1.38%下降到1979年的1.29%和1980年的1.16%。在接下来的几年里情况改善,但韩国占比仍小于20世纪90年代初的中国台湾。在

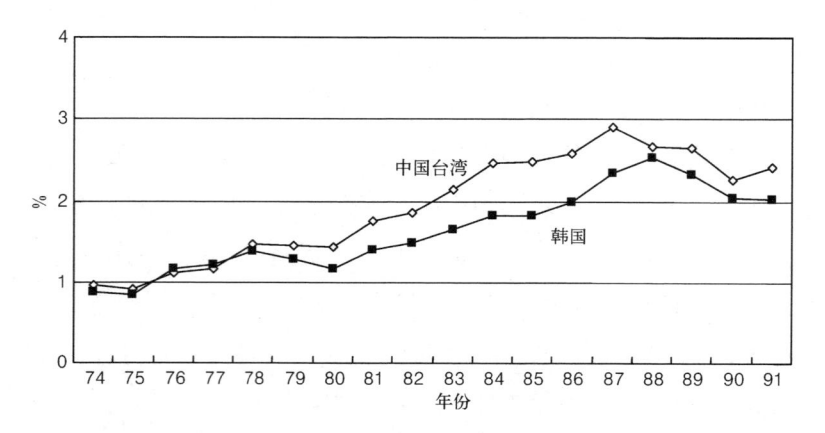

图4.3 1974—1991年韩国和中国台湾在经合组织制成品进口中的市场份额
资料来源: Yoo (1997b),第22页,图6。

---

[1] Chen(1999),第247页。

图 4.4 中,制成品被分为两组:"重化工业组"和"轻工业组"。这两组的定义对韩国和中国台湾来说是相同的。

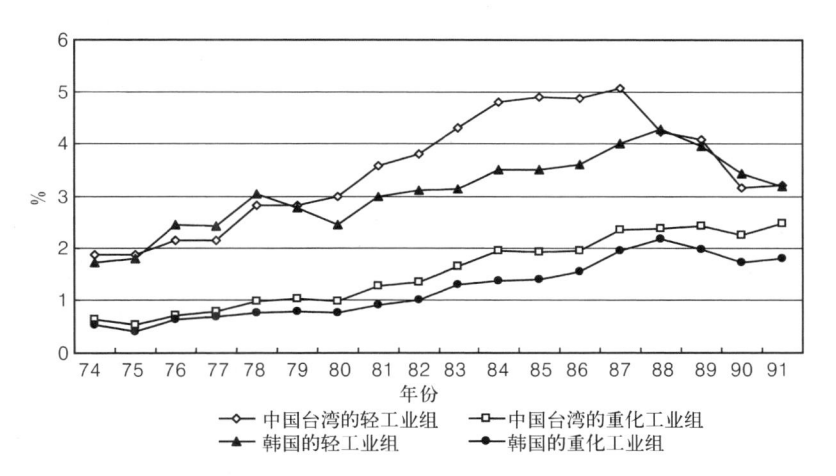

图 4.4　1974—1991 年韩国和中国台湾的重化工业组与轻工业组在经合组织制成品进口中的市场份额

资料来源: Yoo（1997b）,第 23 页,图 7。

如图 4.4 所示,在图表显示的时间范围内,中国台湾重化工业组的市场份额始终高于韩国。相反,在经合组织进口的轻工业组产品中,韩国的市场份额在 1976 年、1977 年和 1978 年高于中国台湾,但在接下来的两年中低于中国台湾,表明其竞争力减弱。韩国轻工组出口竞争力的下降是韩国对经合组织国家的制成品出口在图 4.3 中下降并落后于中国台湾的原因。图 4.4 显示了韩国在世界市场上的出口表现在 20 世纪 70 年代末恶化,以及其总出口最终在 1979 年萎缩的原因。

轻工业组出口竞争力的下降是否与重化工业驱动有关？间接证据表明答案是"是"。如本章前节所述，重化工业政策为目标行业提供了强有力的政策优惠。由于没有一个政府能够无中生有，因此政策优惠的成本必须由经济中的其他人承担。重化工业驱动为重化工业组提供的定向信贷、税收优惠和贸易保护，意味着对轻工业组减少信贷可用性、提高税收、提高进口或进口竞争性投入的成本。因此，轻工业组的出口竞争力受损。这表明，如果没有重化工业政策，轻工业组就不必承担向重化工业组提供政策优惠的成本，其竞争力也不会受到损害。否则，如图4.4中，韩国在经合组织轻工业组制成品进口中的市场份额很可能会和中国台湾一样增加。

换言之，如果没有重化工业政策，韩国就不必经历20世纪70年代末出口和投资的负增长以及随后在1980年出现的经济负增长。如果重化工业运动再持续几年，它可能会使经济偏离成熟工业化的道路。幸运的是，朴正熙总统在1979年4月停止了这项政策。停止对重化工业组的政策优惠意味着减轻了轻工业组在重化工业驱动下的负担。几乎立即，轻工业组的资本—劳动力比率增长率反弹（表4.5），在接下来的几年中，轻工业组的出口重新获得了失去的所有市场份额（图4.4）。

尽管如此，重化工业政策之所以被提倡，往往是因为它实现了它所设定的目标，即制造业的产业结构从劳动密集型、简单的技术产业转变为拥有尖端技术的资本密集型产业。因此，收益大于成本。事实上，一位作者断言："考虑到其不断变化的比较优势模式,韩国别无选择,只能建立重化工业";并且"一个国家很难指望仅仅通过响应价格信号来建立一个复杂的产业结构"。① 简言之,这等于断言,如果没有重化工业政策,拥有尖端生产技术的资本密集型产业在韩国是不可能发展起来的。这是一个相当重要的问题,涉及从韩国的发展经验中吸取关于政府适当作用的教训的问题。这将在下一章的第二节中讨论。

---

① Lee(1991),第 467 页。

附 录

表 4.A1 公司有效税率

单位:%

年份	重化工业	轻工业									
	(1)	(2)	(3)	(4)	(5)	(6)	(7)	(8)	(9)	(10)	(11)
1970	39.2	39.4	38.3	39.9	39.5	41.9	38.8	40.2	41.7	41.6	32.3
1971	34.9	34.7	34.2	33.1	37.3	37.6	33.1	33.7	36.8	38.0	29.2
1972	27.7	29.8	29.5	24.8	28.8	32.7	28.1	28.7	33.5	31.7	24.1
1973	33.5	38.6	33.6	30.8	36.1	38.3	38.0	38.1	40.0	38.9	38.1
1974	29.9	37.7	33.8	33.7	22.3	39.1	35.6	37.5	38.5	37.4	37.8
1975	15.9	52.1	16.9	12.4	18.3	52.8	51.4	52.1	53.0	52.0	51.3
1976	18.0	51.0	19.1	11.9	23.1	52.3	50.4	50.8	51.6	50.8	49.9
1977	17.5	49.5	19.3	11.9	21.3	50.0	48.8	50.0	49.3	50.5	48.6
1978	16.9	48.4	18.2	11.0	21.6	48.9	47.1	48.3	48.6	49.7	47.6
1979	18.3	48.5	21.6	10.6	22.7	49.1	46.8	48.4	49.3	49.3	48.2
1980	18.3	48.8	17.2	15.0	22.8	49.5	48.0	48.7	49.1	48.7	49.0
1981	20.6	51.3	19.5	16.4	26.0	51.3	50.2	52.0	51.4	51.0	50.6
1982	47.1	48.2	47.0	47.5	46.8	48.8	47.2	49.0	48.4	48.1	47.9
1983	40.4	42.2	41.0	40.0	40.3	42.8	41.3	42.9	42.4	42.1	41.9

资料来源:Kwack (1985),第63页,表3.5。

注:(1)=列(3)至(5)的简单平均值;(2)=列(6)至(11)的简单平均值;(3)=化学工业;(4)=初级金属工业;(5)=非电动和电动机械行业以及运输设备行业;(6)=食物及饮品业;(7)=纺织、服装、鞋类和皮革行业;(8)=木制品和家具行业;(9)=制浆造纸、印刷和出版业;(10)=非金属矿产工业;(11)=杂项制造业。

表 4.A2　存款货币银行和韩国开发银行的增量信贷分析

单位:%

	1973	1974	1975	1976	1977	1978	1979	1980	1981	1982	1983
重化工业组	35.6	32.2	65.8	60.0	60.7	55.7	58.4	59.8	52.5	68.4	58.3
轻工业组	64.4	67.8	34.2	40.0	39.3	44.3	41.6	40.2	47.5	31.6	41.7
总和	100	100	100	100	100	100	100	100	100	100	100

资料来源:Lee(1991),第446页,表17.6。

参考文献

Bank of Korea, various years, *Economic Statistics Yearbook*(《经济统计年鉴》),Seoul:The Bank of Korea.

Bank of Korea, 1986, *Financial System of Our Country*(《我国金融体系》),Seoul:The Bank of Korea.

Chen, Pochih, 1999, "The Role of Industrial Policy in Taiwan's Development"(《工业化政策在台湾发展中的作用》), in Erik Thorbecke and Henry Y. Wan (eds), *Taiwan's Development Experience: Lessons on Roles of Government and Markets*(《台湾的发展经验:关于政府角色和市场角色的教训》),Boston,MA:Kluwer.

Economic Planning Board, 1983, *Major Statistics of the Korean Economy*(《韩国经济主要统计》), Seoul:Economic Planning Board.

Economic Planning Board, 1986, *Major Economic Indicators*(《主要经济

指标》), Seoul: Economic Planning Board.

Evaluation Committee of Professors, 1968 – 1971, *Evaluation Report of 5 Year Development Plan*(《五年发展计划评估报告》), Seoul: Office of the Prime Minister (in Korean).

Kim, Kwang Suk, 1988, *The Economic Impact of Import Liberalization and the Industrial Adjustment Policy*(《进口自由化和工业调整政策的经济影响》), Seoul: Korea Development Institute (in Korean).

Kwack, Taewon, 1985, *Depreciation and Taxation of Income from Capital*(《资本收入的贬值与税收》), Seoul: Korea Development Institute (in Korean).

Lee, Suk-Chae, 1991, "The Heavy and Chemical Industries Promotion Plan (1973 – 79)" (《1973—1979 年重化工业促进计划》), in Lee-Jay Cho and Yoon Hyung Kim (eds), *Economic Development in the Republic of Korea: A Policy Perspective*(《韩国的经济发展:政策视角》)(pp. 431 – 471), Honolulu, HI: East-West Center.

Ministry of Finance, 1981, *Fiscal and Financial Statistics*(《财政与金融统计》), Seoul: Ministry of Finance.

Office of the Secretary to the President, 1976, *Collection of President Park Chung Hee's Speech*(《朴正熙总统讲话合集》), Vol. 5, Seoul: Daehan Gong-ronsa (in Korean).

Stern, Joseph J., Ji-Hong Kim, Dwight H. Perkins, and Jungho Yoo, 1995, *Industrialization and State: The Korean Heavy and Chemical Industry Drive*(《工业化与国家:韩国重化工业驱动》), Cambridge, MA: Harvard Institute for International Development.

World Bank, 1993, *The East Asian Miracle*(《东亚奇迹》), Washington, DC: The World Bank.

Yoo, Jungho, 1990, "The Industrial Policy of the 1970s and the Evolution of the Manufacturing Sector in Korea"(《韩国20世纪70年代的工业化政策与制造业的发展》), Korea Development Institute Working Paper No. 9017.

Yoo, Jungho, 1997, "The Influence of the World Market Size on the Pace of Industrialization"(《世界市场规模对工业化速度的影响》), *KDI Journal of Economic Policy*(《韩国发展研究院经济政策杂志》), Vol. 19, No. 2, pp. 75 – 157 (in Korean).

Yoo, Jungho, 2012, "The Myth about Korea's Rapid Growth"(《韩国高速增长的神话》), in Young B. Choi (ed.), *Institutional Economics and National Competitiveness*(《制度经济学与国家竞争力》), London: Routledge.

第五章｜世界市场规模与工业化步伐

第一节　世界市场的规模至关重要

如第二章和第三章所述,韩国制成品出口于 1961 年开始爆炸性扩张,经济快速增长和工业化紧随其后。这一点以及一些东亚国家的类似经历改变了经济学家对国际贸易如何影响经济发展的思考。国际贸易的典型模式是发展中国家向发达国家出口农业和/或自然资源产品,并从发达国家进口制成品。很少有发展中国家能够成功地出口制成品。经济学界很少将扩大出口视为可行的工业化战略。然而,自从一些东亚国家的出口成功以来,经济学界的观点发生了巨大变化:从那时起,经济学家就建议采取外向型的经济发展政策,而不是内向型的进口替代政策。[1]

毫无疑问,外向型为一个国家带来了巨大的"贸易收益",有助于其经济增长。在这方面,一个有趣的问题是世界市场的规模是否重要。国际贸易理论经常提出"小国假设",即世界市场无限大。事实是,世界市场既不是无限大,也不是永远保持同样的规模。根据麦迪逊(1995)的估算(如图 5.1 所示),所有国家

---

[1] 参见 Krueger(1997),了解关于经济学界观点变化的信息以及丰富且深入的讨论。

第五章 世界市场规模与工业化步伐

的出口总额在 1820 年(估算的第一年)为 73 亿美元(以 1990 年不变美元计算),在 1992 年(估算的最后一年)增长到 37 856 亿美元(以 1990 年不变美元计算),172 年内实现 522 倍的增长。在世界市场规模发生如此重大变化的情况下,如果贸易收益无论市场规模如何都保持不变,那将是一个巨大的惊喜。

本章讨论了贸易收益与世界市场规模之间的关系,以了解韩国的快速增长和工业化是否与世界市场的巨大增长有关。如前几章所述,传统观点认为,由于韩国政府对经济运行的干预,如 20 世纪 60 年代的出口促进政策和 20 世纪 70 年代的重化工业驱动,韩国经济实现了"奇迹般"的快速增长。然而,如前几章所示,韩国增长经验的事实和证据并不支持这一观点。

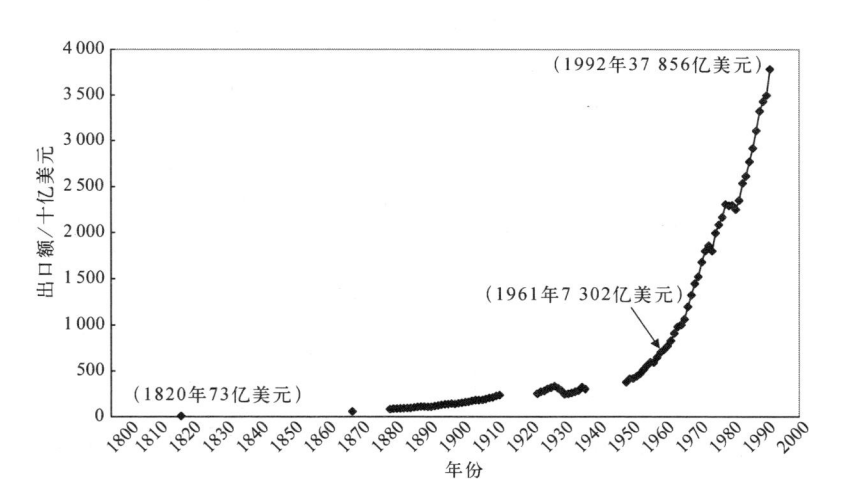

图 5.1　1820—1992 年世界出口额(1990 年美元)

资料来源:Yoo(2012),第 163 页,图 8.4。

第二节　世界市场规模的影响

1961年,韩国开始迅速扩大出口,韩国以现值美元计算的出口额为4 090万美元,相当于国民生产总值的1.8%。那一年,世界总出口量大约是1820年的100倍。① 如果1961年的世界市场规模与1820年相同,韩国的总出口量也可能是实际出口量的1/100左右,在国民生产总值中只占微小的1%。即使韩国出口从第二年开始以实际速度增长,出口也不可能成为经济增长和工业化背后的强大动力。②

这并不是韩国经济从庞大的世界市场中获益的唯一途径。生产率的提高肯定也相当可观。自亚当·斯密(Adam Smith,1776)的著作问世以来,人们就一直认为一个经济体生产率提高的最重要原因是分工,而分工的程度取决于市场的规模。当然这也适用于国际分工。对于给定的出口产品,一个国家在一个大的世界市场上的出口量可能大于在一个小的世界市场上的出口量。因此,世界市场越大,一个国家用于生产其比较优势产品的资源就越多,而用于其他比较劣势产业的资源就越少,这意味着更大的生产率提升。

在世界市场的巨大规模这一因素下,韩国经济的"贸易收

---

① Maddison(1995),表1.4。
② 本节主要参考了Yoo(1997a)。

益"比欧洲经济的"贸易收益"大多少？本书并未估计贸易国从贸易中获得的收益。然而,关于世界市场对各国经济的相对规模,已有一些统计数字。表 5.1 中的统计数据来自麦迪逊(1995,2001),显示了世界市场对韩国和一些欧洲经济体的相对规模。1973 年,当韩国经济快速增长和工业化时,以 1990 年"国际"美元为单位计算,世界总出口额为 17 970 亿美元。同年,韩国的商品出口额为 79 亿美元,占世界出口总额的 0.4%,韩国国内生产总值的 24%。

表5.1 世界市场对国内经济的相对规模

年份	世界出口总额/1990 年百万美元	出口/1990年百万美元	出口额在世界出口额的占比/%	出口额在国内生产总值的占比/%	国内生产总值/1990 年百万美元
韩国					
1973	1 797 199	7 894	0.4	24.4	—
法国					
1820	7 255	487	6.7	1.3	38 434
1870	56 247	3 512	6.2	4.9	72 100
德国					
1820	7 255	n.a.	n.a.	n.a.	26 349
1870	56 247	6 761	12.0	9.5	71 429
英国					
1820	7 255	1 125	15.51	3.1	36 232
1870	56 247	12 237	21.76	12.2	100 179

资料来源:英国、法国和德国的国内生产总值来自 Maddison (2001),表 A1.b。各个国家的出口额来自 Maddison (2001),表 F.2。世界出口总额来自 Maddison (1995),表 1.4。韩国的出口额在国内生产总值的占比基于当前韩元价格。
注:出口是指商品出口,不包括非要素服务出口。n.a.=无数据。

相比之下，世界市场的规模相对于欧洲经济体要小得多。1820年，当欧洲经济处于第一次工业革命的中期时，以1990年国际美元计算，全世界的出口总额为73亿美元。英国的出口额为11亿美元，占世界总出口额的15.5%，却仅占英国国内生产总值的3.1%。1870年，第一次工业革命开始大约一个世纪后，世界出口总额为562亿美元，英国的国内生产总值和出口额分别为1 000亿美元和120亿美元。也就是说，英国的出口额占世界总出口额的22%，但仅为英国国内生产总值的12%。同样，1870年法国的出口额占世界出口额的6%，但仅相当于国内生产总值的5%；同年，德国出口额占世界出口额的12%，但仅为其国内生产总值的9.5%。因此，在工业化进程中，世界市场的相对规模对韩国经济来说要比其对英国或其他欧洲经济体大得多。国际贸易对韩国经济增长和工业化的影响肯定比对欧洲经济的影响大得多。

这一考虑提出了一个假设，即对于从事国际贸易的国家来说，世界市场越大，国民生产总值、储蓄、投资和资本积累的增长就越快。该假说指出，世界市场的相对规模是"东亚奇迹"的主要原因之一，而"东亚奇迹"最重要的意义在于工业化的快速发展。如果可以测量单个国家工业化进程的时间长度，则可以对这一假设进行统计检验，因为麦迪逊（1995）已经对世界市场的规模进行了估计。

我通过估算不同国家的工业化持续时间，对这一假设进行了简单的统计检验（Yoo，1997a）。这里简要介绍估算结果。"工业化"不是一个定义明确的过程。一般而言,它指的是将停滞的、以农业为主的经济转变为充满活力的、以制造业为导向的经济,正如第三章所述。在此过程中,农业部门在经济产出和就业中的重要性下降,而制造业部门的重要性上升。因此,根据制造业在国民生产总值或就业中所占的份额来估计工业化的持续时间是常识性的。然而因为缺乏必要的数据,这是不可能的。在工业革命的早期,不存在对制造业或工业部门对国民生产总值贡献的估计。[1] 制造业的就业份额也无法使用,因为缺乏国家间和一段时间内的一致和可比数据。对于一些国家而言,只有关于制造业的统计数据可用;而对于其他国家而言,只有关于工业部门的统计数据可用,包括电力、天然气、采矿等,以及制造业。

另一方面,农业部门的劳动力统计数据更加一致,包括林业和渔业以及农业本身。由于这一可用性问题,农业部门劳动力的比例被用于估算工业化持续时间。根据几乎所有经济体的经验,在工业化过程中,农业部门的就业率往往会同时下降,而制造业部门的就业率则会上升。因此,工业化的"开始"时间被定义为农业劳动力比例开始低于50%的时候,"结束"时间被定义为这一比例低于20%的时候。显然,"结束"时间并不意味着工业化在这一年以某种方式结束,而是意味着到那时经济可能被认为已经实现工业化。

诚然,这种工业化持续时间的定义是武断的。例如,根据这

---

[1] Mitchell(1980,1983)是西欧国家统计数据的依据。

个操作定义,韩国的工业化始于 1970 年,而实际上韩国的工业化当然开始得更早,因为农业部门在劳动力中所占份额的下降和制造业份额的上升始于 20 世纪 60 年代初,当时前者大于 60%,后者小于 10%。然而,由于数据可用性,还是要使用操作定义。例如,如果工业化的开始时间被定义为农业劳动力比例开始下降到 60% 以下,那么大多数欧洲经济体就无法确定开始时间:在有统计数据的最早年份,大多数欧洲国家的农业劳动力比例已经在 50% 左右或低于 50%。

确定工业化的"开始"和"结束"时间的相关困难是缺乏统计数据。农业在劳动力中所占份额的统计数据出现在某一年,这并不意味着在随后的每一年都可以获得这些数据,通常每隔十年或更长时间才能获得一次。因此,为了选择开始和结束时间,通常使用线性插值法或外推法。例如,比利时农业部门的劳动力在 1846 年和 1856 年分别为 50.9% 和 46.8%[1],在这种情况下,可假设这一比例在这段时间内每年下降 0.41%,根据这一假设,1849 年的这一比例为 50%,则该年被选为开始时间。而就荷兰而言,1849 年和 1859 年,农业部门劳动力的比例分别为 44.1% 和 37.5%。可假设在此期间以及之前几年,这一比例每年下降 0.66%。基于此,1840 年即为荷兰工业化的开始之年。

表 5.2 的列(A)和列(B)分别显示了以此确定的 19 个国家和地区的工业化起始年和结束年以及所用的年数。根据操作定

---

[1] Mitchell(1980).

义,这些国家和地区在20世纪90年代上半期实现了工业化。尽管英国、澳大利亚和新西兰满足这一条件,但由于无法确定这些国家的起始时间,因此无法将其纳入研究,因为在有统计数据可用的最早年份,这些国家的农业劳动力已经远远低于50%。表中还列出了列(C)工业化开始之年的世界出口总额和列(D)工业化期间的世界出口年均增长率。

利用表5.2中的这些观察结果,我用普通最小二乘法检验了这一假设,即世界市场越大,工业化持续时间越短(Yoo,1997a)。因此只有工业化国家和地区被包括在内,其他国家和地区则不然,这是为了简化分析。统计测试背后的想法是看世界市场的规模是否加快了工业化的步伐。在现实世界中,一个国家工业化开始了但可能无法完成的原因有很多:内战、政治或社会动荡、制度不当、宏观经济不稳定等。在没有独立变量代表回归中大多数此类可想象的原因的情况下,如果将尚未工业化的国家和地区包括在内,则以合理意义估计世界市场规模对工业化速度的影响的可能性几乎为零。因此,只有那些按照操作定义在20世纪90年代上半期实现工业化的国家和地区才被纳入检验。

表5.2 工业化经验

序号	国家或地区	起始与结束年份(A)	所用年数(B)	世界出口总额/1990年百万不变美元(C)	世界出口总额年均增长率/%(D)
1	荷兰	1840,1938	98	139	3.20
2	丹麦	1843,1957	114	169	3.17

续表

序号	国家或地区	起始与结束年份（A）	所用年数（B）	世界出口总额/1990年百万不变美元（C）	世界出口总额年均增长率/%（D）
3	比利时	1849, 1924	75	229	3.26
4	法国	1858, 1962	104	311	3.14
5	爱尔兰	1865, 1979	114	445	3.52
6	美国	1880, 1934	54	792	2.23
7	德国	1881, 1949	68	815	2.25
8	加拿大	1888, 1929	41	1 023	2.93
9	挪威	1891, 1959	68	1 115	2.62
10	瑞典	1906, 1951	45	1 813	1.86
11	日本	1930, 1969	39	3 120	3.77
12	意大利	1933, 1968	35	2 515	4.56
13	委内瑞拉	1940, 1972	32	3 151	5.36
14	西班牙	1946, 1979	33	3 515	5.87
15	芬兰	1946, 1971	25	3 515	6.03
16	葡萄牙	1952, 1988	36	4 176	5.74
17	中国台湾	1960, 1980	20	7 010	6.10
18	马来西亚	1969, 1995	26	13 233	5.15
19	韩国	1970, 1989	19	14 460	4.48

资料来源：列（C）中的"世界出口总额"估计数来自 Maddison（1995）。如文中所述，我根据 Mitchell（1980,1983）对农业部门劳动力的估计，估算了列（A）和列（B）中工业化的开始和结束时间；国际劳工组织（International Labor Organization）各期《劳工统计年鉴》（Yearbook of Labor Statistics）；和美国人口普查局（US Bureau of the Census, 1973）。

回归结果如下:

$$lnT = 8.272 - 0.354lnW - 0.053RW (\bar{R}^2 = 0.87)$$
$$(18.16)(7.69)\quad(1.15)$$

式中 ln 表示自然对数,T 表示一个国家工业化的年数[表 5.2 的列(B)];W 代表世界市场的规模,即列(C)中一国工业化开始之年的世界出口总额;RW 代表列(D),工业化期间世界总出口的平均年增长率(百分比),即工业化期间的世界经济状况。通常,括号中的数字是估计系数的 t 值。lnW 和 RW 的估计系数均具有预期迹象,但只有前者具有较高的统计显著性,而后者则无统计学意义。

回归结果表明,事实上,世界市场的规模对工业化的速度有很大的影响。一国工业化开始时世界市场的规模每增加 1%,该国工业化所用的年数就减少 0.35%。图 5.2 显示了估算回归方程的截距和第二项,每个国家和地区表示为一个点,其坐标分别为 W 和 T 的自然对数。

该图清楚地表明,工业化持续时间的差异主要是由世界市场的规模来解释的。例如,工业化一方面花了荷兰和丹麦大约一个世纪的时间,另一方面花了韩国大约 20 年的时间。回归结果将持续时间的大部分差异归因于世界市场规模(W)的差异。另一个有趣的点是,从数据中可以明显看出,比利时和加拿大等国家的工业化所用的时间比预期要短得多,考虑到世界市场的规模,也比韩国花费时间更少。

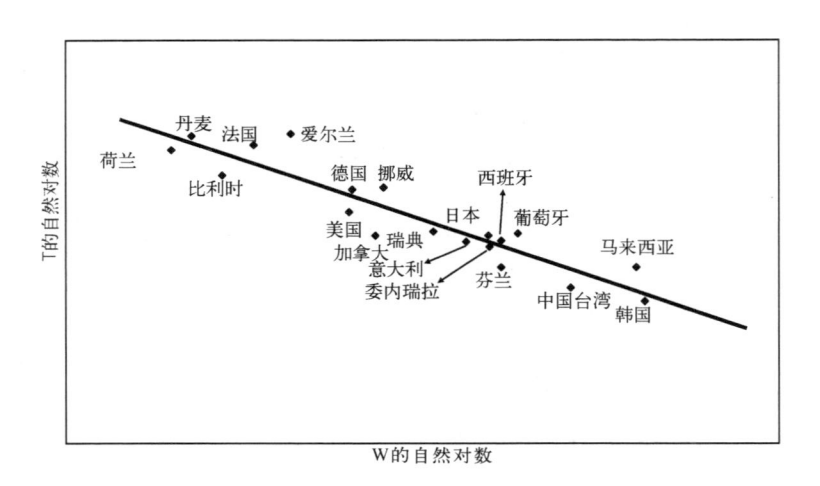

图 5.2 世界市场规模与工业化时代

资料来源：Yoo（1997a），第 128 页，图 6。

一些东亚经济体的工业化经验被称为"奇迹"，主要是因为其持续时间约为早期工业化的欧洲经济体的五分之一。然而，这一奇迹的发生并不是因为工业化发生在东亚，而是因为它始于 20 世纪下半叶，当时世界市场的规模是 1820 年的 100 多倍。从这个意义上说，如果说这是一个奇迹，那么更好的表述似乎是"20 世纪的奇迹"，而不是"东亚奇迹"。

这自然就提出了一个问题：为什么只有少数发展中国家和地区在二战后的世界大市场中受益？一个简单而明显的答案是：一个国家或地区只有参与国际贸易才能从贸易中获益。在工业化方面落后于西欧国家的东欧国家由于意识形态而没有与世界其他国家进行国际贸易；拉美国家大多采取进口替代的工业化发展战略;在非洲,似乎很少有国家认真参与国际贸易,大多数亚洲国家和地区也没有,除了所谓的东亚四小龙。新加坡和中国香港起初是"转口"经济体。20世纪50年代后半期,中国台湾的发展政策从内向型转向外向型。① 1961年如第二章所述,韩国进行了一次重大的外汇制度改革,开始了爆炸性的出口扩张。因此,在20世纪60年代早期,东亚"四小龙"实际上是唯一认真对待国际贸易并从世界大市场中获益的发展中经济体。

除了巨大的世界市场,韩国的快速工业化还得益于"劳动力的无限供应"(Lewis,1954)。此外,韩国肯定从二战后世界贸易体系变得更加开放和自由这一事实中获益。相比之下,对于西欧国家来说,世界市场的扩大和国内经济的增长是同步进行的,而且往往不得不使用军事力量来确保国家出口产品的市场。对于韩国和其他新兴工业化国家来说,出口的成功或多或少只取决于其出口产品在价格和质量方面的竞争力。

无论如何,韩国工业化和经济快速增长的主要原因是二战后世界市场的巨大规模。如表5.1所示以及本章第一节所讨论的,世界市场对韩国经济的相对规模远远大于第一次工业革命期间对英国或其他欧洲经济体的相对规模。正是基于这个原因,就如第三章所讨论的那样,出口在韩国经济转型中的驱动力要强大得多。本章中的统计检验支撑了这一观点。

---

① Tsiang(1984).

第三节 产业结构升级

上一节的结论是,在世界大市场从事国际贸易是韩国快速工业化的主要原因。工业化的一个不可或缺的部分是制造业的产业结构从劳动密集型、简单技术产业向资本密集型和技术密集型产业的转变,这通常被称为"升级"。这种升级与工业化的快速发展一样,是一个需要解释的重要现象。人们普遍认为,20世纪70年代的重化工业政策使产业结构升级。这一观点之所以流行,可能是因为政策的目标是升级,而这一目标已经实现。本节将讨论升级的事实和原因。

表5.3显示了从1970年到2000年,韩国银行发布了投入产出(input-tput,I-O)表的年份中,以1985年不变价格计算的制造业和重化工业组的总产出。① 从投入产出表中读取的以当前价格计算的行业总产出,通过使用本章附录表5.A2中得出的国民生产总值(或国内生产总值)平减指数,被转换为不变价格。② 如表所示,在30年间,重化工业组的总产出以平均每年13.4%的增长率增长,而制造业的总产出以10.1%的增长率增长。结果,重化工业组生产的制造业产出的比例从1970年的

---

① 使用表5.A2中计算的国民生产总值(或国内生产总值)平减指数,将当前价格中的总产出转换为不变价格。
② 投入产出行业1、2、3等的定义在30年间发生了变化。20世纪70年代韩国标准行业分类与投入产出行业之间的一致性见表5.A1。

26%上升到2000年的63%。换句话说,1970年制造业总产出的74%是劳动密集型、简单技术产品,2000年总产出的63%是资本密集型、尖端技术产品。事实上,制造业的产业结构在30年间得到了升级。

表5.3　1970—2000年制造业总产出

年份	制造业/1985年十亿韩元（A）	重化工业组/1985年十亿韩元(B)	重化工业组占比/%（B/A）
1970	16 806.1	4 303.4	25.6
1973	26 840.8	7 522.6	28.0
1975	39 161.0	13 730.3	35.1
1978	55 955.3	20 775.8	37.1
1980	70 775.9	27 746.0	39.2
1983	87 142.9	38 010.1	43.6
1985	95 300.3	41 139.4	43.2
1988	138 400.8	63 046.5	45.6
1990	152 028.8	75 035.4	49.4
1993	176 970.1	96 173.1	54.3
1995	201 225.9	114 816.9	57.1
1998	223 301.2	130 955.9	58.6
2000	297 911.7	188 308.5	63.2
年均增长率/%	10.1	13.4	

许多观察家认为:重化工业政策使升级成为可能,因此,正如第四章所讨论的那样,代价是值得的。如前所述,也有人认为一般来说政府对市场的干预对于发展中经济体获得复杂的产业

结构来说是必要的。是不是重化工业政策提升了产业结构,是一个关系到政府在韩国发展经验中作用的问题,这个问题尚待检验。

当然,表5.3所示的产业结构升级是重化工业组总产出增长速度快于轻制造业总产出增长速度的直接结果。为什么会这样?一个行业的生产是为了直接或间接地满足最终需求,最终需求有三种:消费、固定资本形成总值(不包括往往很小且没有长期趋势的库存变化)和出口。表5.4显示了重化工业组的总产出中有多少是在给定年份生产的,以满足最终需求的三个组成部分(在估算表5.4时,采用了与表5.3相同的方法)。1970年,重化工业组总产出的36.0%用于消费,46.8%用于固定资本形成,17.2%用于出口。2000年,重化工业组总产出的19.7%用于消费,25.6%用于固定资本形成,54.7%用于出口。换句话说,在1970年至2000年的30年间,最终需求中使重化工业组总产出增加最多的部分是出口需求。如果没有出口,重化工业组2000年的总产出将不到实际产出的一半。也就是说,产业结构升级背后的主要动力是重工业产品的直接和间接出口需求的快速增长。

因此,关于产业结构升级原因的一个关键问题是:为什么重化工业产品的出口需求快速增长(如表5.4所示)?重化工业驱动的主要政策措施是"定向信贷",包括优惠利率、税收优惠和进口限制(如第四章所述)。这些政策优惠吸引了对重化工业的投资,此外还可能降低生产成本,并可能在20世纪70年代重化工业驱动期间增加该行业产品的国内需求。这些政策优惠是否也是重化工业出口在国际市场上具有竞争力并迅速增长的原因?

表 5.4 重化工业组总产出的最终需求构成

单位:%

年份	消费	固定资本形成	出口
1970	36.0	46.8	17.2
1973	27.9	30.7	41.4
1975	34.7	30.3	35.0
1978	28.6	32.5	38.9
1980	28.1	29.7	42.2
1983	25.9	30.4	43.7
1985	22.6	30.5	47.0
1988	19.9	30.1	50.0
1990	26.2	36.7	37.1
1993	25.3	35.2	39.5
1995	20.3	37.8	41.9
1998	16.5	22.5	61.0
2000	19.7	25.6	54.7

与这个问题高度相关的是韩国出口构成的长期变化,如图5.3 所示,这是图 2.1(第二章)到 2003 年的延伸。图中一个明显的特征是,包括重化工业组资本密集型产品在内的 SITC 5+7,出口份额的增长速度非常缓慢和稳定,从 20 世纪 60 年代初的不到 5%增长到 21 世纪 00 年代的 70%以上。值得注意的是,轻工业组(SITC 6+8)在韩国总出口中的份额在 1971 年达到顶峰,

此后开始下降。而重化工业组(SITC 5+7)的份额继续上升。这意味着,1971年后重化工业组的出口比轻工业组的出口增长更快。这也相应意味着在重化工业政策开始之前,重化工业组在世界市场的竞争力就已经强于轻工业组。

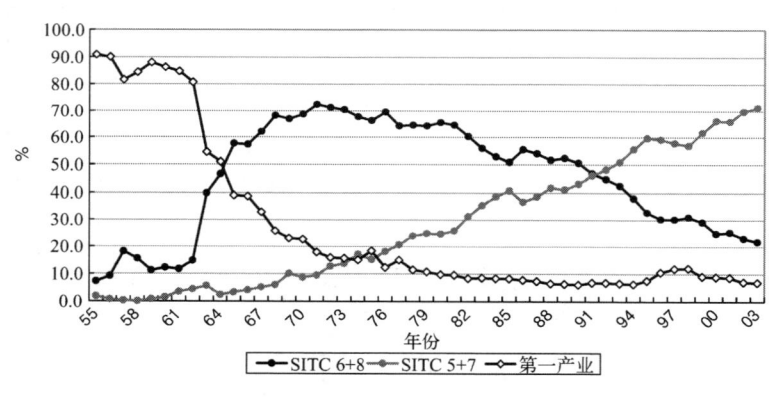

图5.3　1955—2003年出口构成

资料来源：表5.A3。

为什么重化工业组的出口竞争力增强？原因在于快速的资本积累。如表3.6(第三章)所示,从1966年到1979年的13年间,韩国人均非居民资本存量与1820年到1950年130年间英国的人均非居民资本存量大致相当。人均资本存量的增加降低了相对于劳动力成本的资本成本,其结果是资本密集型产品相对于劳动密集型产品的生产成本迅速下降,这是国际贸易理论的一个简单结果。这是在世界市场上韩国资本密集型产品比劳动密集型产品更具竞争力的主要原因。也就是说,从1971年起,重化工业产品在韩国出口总额中的份额有所增加,而轻工业产品的份额却在下降。有趣的是,在20世纪70年代大力推行重化工业政策的时候,重化工业在韩国的出口份额并没有大幅增长。此外,图4.4(第四章)比较了韩国和中国台湾重化工业产品在经合组织制成品进口中的市场份额。结果显示,在重化工业政策期间和之后,韩国重化工业的市场份额始终小于中国台湾。显然,在世界市场上,重化工业政策支持对重化工业的竞争力几乎没有影响。

总之,韩国产业结构升级的直接原因是重化工业出口增长速度远快于劳动密集型轻工业。重化工业的出口增长更快,是因为曾经劳动力丰富的韩国,由于资本的快速积累而显现出资本丰富的优势。事实上,正如第三章所讨论的,韩国在20世纪60、70和80年代人均非居民资本存量的积累速度比英国或其他欧洲国家工业化时期要快得多。[1] 这种资本积累降低了资本成本,加强了重化工业的竞争力,而工资上涨削弱了劳动密集型轻工业的竞争力。

那么,为什么韩国的资本积累如此迅速?因为世界市场的巨大规模使出口成为韩国经济转型的强大推动力。因此,韩国的国内生产总值、储蓄和投资的增长速度都快于工业革命时期的欧洲经济体。也就是说,韩国的经济快速增长、工业化、资本积累和产业结构升级的最重要原因,在于其与庞大世界市场的贸易。

---

[1] 据 Kwack and Lee(2010)估计,1960年至2007年,整个韩国经济的资本存量按实际价值计算增加至244倍,而员工人数则增加至3.3倍。

附 录

表 5.A1 韩国标准行业分类与工业投入产出表的一致性

韩国标准行业分类	投入产出表产业					
	1970 I-O (153)	1975 I-O (164)	1980 I-O (162)	1985 I-O (161)	1990 I-O (163)	1995 I-O 2000 I-O (168)
315 化工原料	71—75, 78	70—79, 86	69—72	65—72, 不包括 67,68,70	60—68, 不包括 63,64,66	60—68, 不包括 64,65,66
353 炼油厂	86	91	82—83	79—80	78—79	58—59
371 钢铁	95—100	100—104	93—97	90—95	86—92	82—87
372 有色金属	101—102	105—106	98—99	96—97	93—94	88—89
381 机械与设备以外的金属制品	103—105	107—110	100—102	98—100	95—96	90—93
382 电力以外的机械	106—112	111—116	103—108	101—106	97—101	94—101
383 电气和电子机械	113—116	117—123	109—115	107—113	102—110	102—110

续表

韩国标准行业分类	投入产出表产业					
	1970 I-O (153)	1975 I-O (164)	1980 I-O (162)	1985 I-O (161)	1990 I-O (163)	1995 I-O 2000 I-O (168)
384 交通设备	117—121	124—127	116—120	114—118	114—119	115—121

表5.A2　1970—2000年国民生产总值（国内生产总值）平减指数

年份	国民生产总值（国内生产总值）/当前十亿韩元（A）	国民生产总值（国内生产总值）/1985年十亿不变韩元（B）	以1985年为1的紧缩指数(A/B)
1970	2 735.9	25 608.4	0.1068
1973	5 378.4	33 599.4	0.1601
1975	10 092.2	38 689.8	0.2608
1978	24 225.3	54 599.4	0.4437
1980	37 205.0	55 123.0	0.6749
1983	58 428.4	67 736.0	0.8626
1985	78 088.4	78 088.4	1.0000
1988	126 230.5	111 979.9	1.1273
1990	178 262.1	131 129.6	1.3594
1993	265 517.9	159 009.1	1.6698
1995	348 979.3	180 740.6	1.9922
1998	444 366.5	198 132.4	2.2428
2000	521 959.2	240 208.7	2.1729

资料来源：韩国银行各期《经济统计年鉴》。
注：1970年至1993年期间，采用国民生产总值估算值。在随后的几年中，采用国内生产总值估算值。

表 5.A3　1955—2003 年出口构成

年份	总出口/百万美元	SITC 6+8/%	SITC 5+7/%	年份	总出口/百万美元	SITC 6+8/%	SITC 5+7/%
1955	18.0	7.3	1.8	1980	17 504.9	65.6	24.6
1956	24.6	9.2	0.8	1981	21 253.8	64.6	25.8
1957	22.2	18.2	0.3	1982	21 853.4	60.3	31.2
1958	16.5	15.5	0.1	1983	24 445.1	56.0	35.4
1959	19.8	11.2	0.8	1984	29 244.9	52.9	38.7
1960	32.8	12.3	1.5	1985	30 283.1	51.0	40.7
1961	40.9	11.7	3.5	1986	34 714.5	55.5	36.7
1962	54.8	14.8	4.4	1987	47 280.9	54.0	38.5
1963	86.8	39.8	5.7	1988	60 696.4	51.7	41.7
1964	119.1	46.6	2.4	1989	62 377.2	52.4	41.1
1965	175.1	57.6	3.4	1990	65 015.7	50.7	43.2
1966	250.3	57.3	4.1	1991	71 870.1	46.9	46.2
1967	320.2	62.0	5.2	1992	76 631.5	44.9	48.3
1968	455.4	68.2	6.1	1993	82 235.9	42.5	50.9
1969	622.5	66.9	10.1	1994	96 013.2	38.0	55.6
1970	835.2	68.7	8.7	1995	125 058.0	32.7	59.6
1971	1 067.6	72.5	9.6	1996	129 715.1	30.2	59.2
1972	1 624.1	71.2	12.8	1997	136 164.2	30.2	57.9
1973	3 225.0	70.5	13.8	1998	132 313.1	31.0	56.9
1974	4 460.4	67.8	17.1	1999	143 685.5	29.1	61.7
1975	5 081.0	66.3	15.3	2000	172 267.5	24.9	66.2
1976	7 715.3	69.5	18.1	2001	150 439.1	25.3	65.9
1977	10 046.5	64.3	20.6	2002	162 470.5	23.1	69.8
1978	12 710.6	64.6	23.9	2003	193 817.4	21.8	71.2
1979	15 055.5	64.3	24.8				

资料来源：韩国国家统计厅在线服务网站，韩国统计信息服务，www.kosis.kr。

参考文献

Bank of Korea, *Economic Statistics Yearbook*(《经济统计年鉴》), various issues, Seoul: The Bank of Korea.

Bureau of the Census, US, 1973, *Historical Statistics of the United States, Colonial Times to 1970*(《殖民时代至 1970 年美国历史统计》), Washington, DC: US Government Printing Office.

International Labor Organization, *Yearbook of Labor Statistics*(《劳工统计年鉴》), various issues.

Krueger, Anne O., 1997, "Trade Policy and Economic Development: How We Learn"(《贸易政策与经济发展:为我所用》), *American Economic Review*(《美国经济评论》), Vol. 87, No. 1, March, pp. 1 – 22.

Kwack, Sung Yeung and Young Sun Lee, 2010, *Korea's Production Database, 1960 – 2007*(《1960—2007 年韩国生产数据库》), KIET Occasional Paper No. 79, Seoul.

Lewis, W. Arthur, 1954, "Economic Development with Unlimited Supplies of Labor"(《无限劳动力供应的经济发展》), *Manchester School*(《曼彻斯特学院》), Vol. 22, No. 2, pp. 139 – 191.

Maddison, Angus, 1995, *Monitoring the World Economy 1820 – 1992*(《1820—1992 年世界经济观察》), Paris: OECD.

Maddison, Angus, 2001, *The Word Economy: A Millennial Perspective*(《世界经济:千年视角》), Paris: OECD.

Mitchell, Brian R., 1980, *European Historical Statistics, 1750 – 1975*

(《1750—1975 年欧洲历史统计》), London: Macmillan.

Mitchell, Brian R., 1983, *International Historical Statistics: The Americas and Australasia*(《国际历史统计:美国与澳大拉西亚》), London: Macmillan.

Smith, Adam, 1776, *An Inquiry into the Nature and Causes of the Wealth of Nations*(《国富论》)(1994 Modern Library Edition), New York: Random House.

Tsiang, Sho-chieh, 1984, "Taiwan's Economic Miracle: Lessons in Economic Development"(《台湾的经济奇迹:经济发展教训》), in Arnold C. Harberger (ed.), *World Economic Growth*(《世界经济增长》), San Francisco, CA: Institute for Contemporary Studies Press.

Yoo, Jungho, 1997a, "The Influence of the World Market Size on the Pace of Industrialization"(《世界市场规模对工业化速度的影响》), *KDI Journal of Economic Policy*(《韩国发展研究院经济政策杂志》), Vol. 19, No. 2 (in Korean), pp. 75 - 157.

Yoo, Jungho, 2012, "The Myth about Korea's Rapid Growth"(《韩国高速增长的神话》), in Young B. Choi (ed.), *Institutional Economics and National Competitiveness*(《制度经济学与国家竞争力》), London: Routledge.

第六章 | 结束语

我们如何解释韩国的快速增长和工业化？政府在其中扮演了什么角色？传统观点认为增长是"政府主导"的。① 在宏观层面，韩国政府通过提供稳定的宏观经济环境、投资基础设施和人力资源、保持经济政策的外向型等，为经济的快速增长作出了巨大贡献。然而，在行业层面上，政府的作用并非如此正面。它实施了大量干预市场和改变结果的政策。如果说"政府主导"是指韩国的"奇迹"之所以可能，是因为政府主导了经济活动并通过其干预政策劝导私营企业，那么这是误导。

干预政策的一个突出案例是20世纪60年代的促进出口。传统的观点是，韩国的出口快速扩张是经济快速增长和工业化背后的主要驱动力。这是有可能的，因为政府从20世纪60年代中期开始促进出口。然而正如第二章所示，出口迅速扩张始于1961年，而始于20世纪60年代中期的出口促进政策不可能启动这一扩张。相反，出口促进政策的灵感来自出口的快速扩张。韩国经济在劳动密集型制造业方面具有相对优势，但由于扭曲的外汇制度，其全部出口潜力直到1961年才得到充分发

---

① 例如，Kim and Leipziger (1993) 将自己的著作定名为《韩国：政府主导的发展》(Korea: A Case of Government-Led Development)。

挥。官方汇率使本国货币被显著高估，多元汇率的结构极其复杂。直到1961年该体系的重大改革消除了这一障碍，经济才开始发挥其出口潜力。如第二章所述，劳动密集型制成品的出口呈爆炸式增长。

在随后的几十年中，出口继续快速扩张。始于20世纪60年代中期的出口促进政策的作用是什么？即使在实施出口促进政策后，韩国政府直到20世纪80年代初始终坚持保护主义进口政策。因此，在20世纪60年代和70年代，韩国政府同时推行出口促进政策和保护主义进口政策。其结果如第二章所述，出口促进抵消了保护主义对出口的抑制作用。换句话说，出口生产是在类似自由贸易的环境中进行的。因此，如果说出口促进政策是韩国出口成功的原因，那就是误导。如果没有保护主义政策，可能就没有必要促进出口。

干预政策的另一个突出案例是20世纪70年代的重化工业驱动，其目标是发展资本密集型的尖端技术产业。传统观点认为这项政策是成功的，因为它实现了建设可在世界市场上竞争的重化工业的目标，尽管付出了资源配置不当、产能利用率低、日用品短缺等代价。20世纪80年代，韩国资本密集型制成品的出口迅速增加，这一点经常被作为佐证。传统观点似乎基于一个隐含的假设，即一个行业如果没有政府援助就无法启动和发展。然而事实上，一个行业如果是有利可图的，那么不管有没有政府援助都会在市场经济中启动和发展。此外，如第四章所述，重化工业政策削弱了韩国出口产品在世界市场上的

第六章｜结束语

竞争力，使其实际出口额下降，并导致1980年韩国经济出现负增长。幸运的是，1979年4月，朴正熙总统终止了这一政策。

韩国重化工业发展并成为主要出口产业的一个非常重要的原因是快速的资本积累。如第三章所述，韩国人均非居民资本存量的积累速度比欧洲国家快得多。在解释出口构成从简单劳动密集型产品向资本密集型、尖端技术产品转变的过程中，这一点不容忽视。这种转变是经济体资本充裕的预期结果，因为这降低了资本成本，同时提高了劳动力成本。资本的快速积累是韩国重化工业在世界市场上比劳动密集型轻制造业更具竞争力的原因。为什么关于韩国快速增长和工业化经验的传统观点被广泛接受？我认为，答案是大力推动韩国经济表现的一个外部因素被忽视了：世界市场的巨大规模。正如第五章所讨论的那样，与欧洲经济体在第一次工业革命中期开始工业化时相比，在20世纪60年代初期，当韩国经济开始工业化时，世界出口总额增长了100倍以上。因此，在工业化进程中，世界市场对韩国经济体的相对规模比对欧洲经济体的相对规模大得多。例如，1973年韩国的总出口约占世界出口总额的0.4%，国内生产总值的24%。相比之下，1870年英国出口占世界出口总额的22%，但只占本国国内生产总值的12%。

因此，对韩国经济而言，贸易带来的收益是无与伦比的，而出口作为经济转型的驱动力，比对英国或其他欧洲经济体的驱动力要强大得多。其结果是经济增长和资本积累的速度无与伦比。这就是韩国"奇迹"背后的秘密：要归功于巨大的世界市场，而不是政府的干预政策。韩国和其他东亚经济体的增长经验之所以被称为"东亚奇迹"，并不是因为它们的增长和工业化质量在某种意义上比欧洲国家高，而是因为它们的增长和工业化速度非常非常快。正如第五章所讨论的那样，世界市场的规模很大程度上解释了这种快速增长的原因。

在韩国，传统观点倾向于将本国的快速增长和工业化归因于出口促进或重化工业驱动等干预政策，这似乎还有另一个原因。20世纪60年代和70年代，韩国从世界上最贫穷的国家之一转变为一个充满活力的新兴工业化经济体。这一时期正好与朴正熙总统执政时期相吻合，朴正熙的强势政府实施了高度干预政策。显然，许多观察家相信，无论政府在朴总统领导下实施何种政策，都会改变经济，这在逻辑上证明了关联的因果关系。因此，"发展独裁"一词曾广泛用于对韩国经验的讨论，暗示独裁在某种程度上有助于快速增长。要想知道这一想法有多误导人，你只需认识到世界上有许多国家由独裁者统治，但其经济一事无成即可。

简言之，在韩国快速增长和工业化的过程中，找不到任何证据支持政府的干预政策创造了"奇迹"这一观点。相反，韩国经济的快速增长和工业化可能更宜理解为韩国经济实现其巨大潜力的过程。这一潜力直到20世纪60年代初才被开发，其所以如此巨大，一方面是因为拥有大量受过良好教育的劳动力，另一方面是因为拥有巨大的世界市场。20世纪60年代初，国际贸易的障碍一消除，出口的爆炸性扩张和资本积累接连而至，经济开始发挥其潜力。

韩国发展经验的重要教训是，在不妨碍市场力量运作的体制和政策环境下，市场经济能够自行发挥其潜力。对于一个渴望发展成熟工业化经济的发展中国家来说，政策优先事项应该是查明和消除各种障碍，这些障碍可能有很多，不同的国家有不同的障碍。此外，体制和政策无论如何都必须保持外向型。今天的世界市场大得不容忽视，任何不认真对待国际贸易的国家都注定会落后于其他国家。

参考文献

Kim, Kihwan and Danny M. Leipziger, 1993, *Korea: A Case of Government-Led Development*(《韩国：政府主导的发展》), Washington, DC: World Bank.

参考文献

Amsden, Alice H., 1989, *Asia's Next Giant: South Korea and Late Industrialization*(《亚洲的下一个巨人：韩国与后期工业化》), New York: Oxford University Press.

Bank of Korea, various issues, *Economic Statistics Yearbook*(《经济统计年鉴》), Seoul: The Bank of Korea.

Bank of Korea, Research Department, 1960, "Changes in Official Exchange Rate"(《官方汇率变化》), *Bank of Korea Research Monthly*(《韩国银行研究月刊》), December, Vol. 14, pp. 12 – 24 (in Korean).

Bureau of the Census, US, 1973, *Historical Statistics of the United States, Colonial Times to 1970*(《殖民时代至1970年美国历史统计》), Washington, DC: US Government Printing Office.

Chen, Pochih, 1999, "The Role of Industrial Policy in Taiwan's Development"(《工业化政策在台湾发展中的作用》), in Erick Thorbecke and Henry Wan (eds), *Taiwan's Development Experience: Lessons on Roles of Government and Markets*(《台湾的发展经验：关于政府角色和市场角色的教训》) (pp. 231 – 248), Boston, MA: Kluwer.

Cho, Lee-Jay and Yoon Hyung Kim (eds), 1991, *Economic Development in the Republic of Korea: A Policy Perspective*(《韩国的经济发展：政策视角》), Honolulu, HI: East-West Center.

Cole, David C. and Princeton N. Lyman, 1971, *Korean Development:*

The Interplay of Politics and Economics(《韩国的发展:政治与经济的相互作用》), Cambridge, MA: Harvard University Press.

Cole, David C. and Yung Chul Park, 1983, *Financial Development in Korea, 1945 – 1978*(《1945—1978 年韩国金融发展》), Cambridge, MA: Council on East Asian Studies, Harvard University.

Economic Planning Board, 1961, *The First 5-Year Economic Development Plan 1962 – 1966*(《经济发展第一个五年计划:1962—1966》), Seoul: Economic Planning Board (in Korean).

Economic Planning Board, 1964, *The First 5-Year Economic Development Plan, Revised*(《经济发展第一个五年计划(修订版)》), Seoul: Economic Planning Board (in Korean).

Evaluation Committee of Professors, 1968 – 1971, *Evaluation Report of 5 Year Development Plan*(《五年发展计划评估报告》), Seoul: Office of the Prime Minister (in Korean).

Frank, Charles R., Jr., Kwang Suk Kim, and Larry E. Westphal, 1975, *Foreign Trade Regimes and Economic Development, South Korea*(《韩国对外贸易制度与经济发展》), New York: National Bureau of Economic Research.

Hong, Wontack, 1979, *Trade, Distortions and Employment Growth in Korea*(《韩国的贸易、畸变与就业增长》), Seoul: Korea Development Institute.

Hong, Wontack, and Anne O. Krueger (eds), 1975, *Trade and Development in Korea*(《韩国的贸易与发展》), Seoul: KDI.

Joh, Sung Wook, 1999, "Profitability of Korean Firms before the 1997

Economic Crisis"(《1997 年经济危机前韩国公司的赢利能力》), *KDI Journal of Economic Policy*(《韩国发展研究院经济政策杂志》), December, Vol. 21, No. 2, pp. 3 – 54.

Kang, Gwang-ha, Younghoon Rhee and Sang-oh Choi, 2008, *Policy Decision Making System in the Rapid Growth Period*(《高速增长时期的决策体系》), Seoul: Korea Development Institute (in Korean).

Kim, Chung-yum, 2011, *From Hope to Despair: Economic Policymaking in Korea 1945 – 1979*(《从希望到失望:韩国 1945—1979 年的经济决策》)(pp. 19 – 45), Seoul: Korea Development Institute.

Kim, Kihwan and Danny M. Leipziger, 1993, *Korea: A Case of Government-Led Development*(《韩国:政府主导的发展》), Washington, DC: World Bank.

Kim, Kwang Suk, 1975, "Outward-Looking Industrialization Strategy: The Case of Korea"(《外向型工业化战略:以韩国为例》), in Hong Wontack, and Anne O. Krueger (eds), *Trade and Development in Korea*(《韩国的贸易与发展》)(pp. 19 – 45), Seoul: Korea Development Institute.

Kim, Kwang Suk, 1988, *The Economic Impact of Import Liberalization and the Industrial Adjustment Policy*(《进口自由化和工业调整政策的经济影响》), Seoul: Korea Development Institute (in Korean).

Kim, Kwang Suk, 1991, "Part I: Korea"(《第一部分:韩国》), in D. Papageorgiou, M. Michaely, and A. M. Choksi (eds), *Liberalizing Foreign Trade*(《对外贸易自由化》)(pp. 1 – 132), Cambridge, MA: Basil Blackwell.

Kim, Kwang Suk and Michael Roemer, 1979, *Growth and Structural Transformation*(《增长与结构转型》), Cambridge, MA: Council on East Asian Studies, Harvard University.

Kim, Kwang Suk and Larry E. Westphal, 1976, *Korea's Foreign Exchange and Trade Regimes*(《韩国外汇与贸易制度》), Seoul: Korea Development Institute (in Korean).

Krueger, Anne O., 1979, *The Developmental Role of the Foreign Sector and Aid*(《外资部门与援助在发展中的作用》), Cambridge, MA: Council on East Asian Studies, Harvard University.

Krueger, Anne O., 1997, "Trade Policy and Economic Development: How We Learn"(《贸易政策与经济发展：为我所用》), *American Economic Review*(《美国经济评论》), Vol. 87, No. 1, pp. 1 – 22.

Krueger, Anne O., 2010, "What Accounts for the Korean Economic Miracle?"(《韩国经济奇迹缘何而来》), paper read at the conference "The Korean Economy: Six Decades of Growth and Development" (韩国经济：六十年增长与发展), Seoul, August 30.

Krueger, Anne O. and Jungho Yoo, 2002, "Falling Profitability, Higher Borrowing Costs, and Chaebol Finances during the Korean Crisis"(《韩国危机中的利润削减、高借贷成本与财阀金融》), in David T. Coe and Se-Jik Kim (eds), *Korean Crisis and Recovery*(《韩国危机与复苏》), Washignton, DC: IMF.

Kuznets, Simon, 1966, *Modern Economic Growth: Rates, Structure, and Spread*(《现代经济增长：速度、结构与扩张》), New Haven, CT: Yale University Press.

Kuznets, Simon, 1973, "Modern Economic Growth: Findings and Reflections"(《现代经济增长:发现与反思》), *American Economic Review* (《美国经济评论》), Vol. 63, No. 3, pp. 247 – 258.

Kwack, Taewon, 1985, *Depreciation and Taxation of Income from Capital*(《资本收入的贬值与税收》), Seoul: Korea Development Institute (in Korean).

Lee, Suk-Chae, 1991, "The Heavy and Chemical Industries Promotion Plan (1973 – 79)"(《1973—1979 年重化工业促进计划》), in Cho, Lee-Jay and Yoon Hyung Kim (eds), *Economic Development in the Republic of Korea: A Policy Perspective*(《韩国的经济发展:政策视角》)(431 – 472), Honolulu, HI: East-West Center.

Lewis, W. Arthur, 1954, "Economic Development with Unlimited Supplies of Labor"(《无限劳动力供应的经济发展》), *Manchester School* (《曼彻斯特学院》), Vol. 72, No. 6, pp. 712 – 723.

Maddison, Angus, 1995a, *Explaining the Economic Performance of Nations: Essays in Time and Space*(《各国经济表现解读:时空视角》), Aldershot: Edward Elgar.

Maddison, Angus, 1995b, *Monitoring the World Economy 1820 – 1992* (《1820—1992 年世界经济观察》), Paris: OECD.

Maddison, Angus, 2001, *The Word Economy: A Millennial Perspective* (《世界经济:千年视角》), Paris: OECD.

Ministry of Commerce and Industry, 1988, *40 Years of Export Promotion* (《出口促进四十年》), Seoul: Ministry of Commerce and Industry.

Mitchell, Brian R., 1980, *European Historical Statistics, 1750 – 1975*

(《1750—1975年欧洲历史统计》),New York: Facts on File.

Mitchell, Brian R., 1983, *International Historical Statistics: The Americas and Australasia*(《国际历史统计:美国与澳大拉西亚》),London: Macmillan.

Office of the Sectary to the President, 1976, *Collection of President Park Chung-Hee's Speeches*(《朴正熙总统讲话合集》), Vol. 5, Seoul: Daehan Gongron-sa (in Korean).

Olson, Mancur, 1996, "Big Bills Are Left on the Sidewalk: Why Some Nations Are Rich, and Others Poor"(《人行步道上的巨额钞票:国家间的贫富之因》), *Journal of Economic Perspectives*(《经济展望杂志》), Vol. 10, No. 2, pp. 3 – 24.

Park, Pil Soo, 1983, "The Incentive Schemes for Export Promotion"(《出口促进的激励体系》), presented at the International Forum on Trade Promotion and Industrial Adjustment, Seoul, September 6 – 15.

Pyo, Hak K., 1998, *Estimates of Fixed Reproducible Tangible Assets in the Republic of Korea, 1954 – 1996*(《1954—1966年韩国固定再生有形资产估算》), Seoul: Korea Institute of Public Finance.

Rodrik, Dani, 1995, "Getting Interventions Right: How South Korea and Taiwan Grew Rich"(《正确干预:韩国和台湾的致富路径》), *Economic Policy*(《经济政策》), Vol. 20, pp. 55 – 107.

Smith, Adam, 1776, *An Inquiry into the Nature and Causes of the Wealth of Nations*(《国富论》). 1994 Modern Library Edition, New York: Random House.

Stern, Kim and Yoo Perkins, 1995, *Industrialization and State: The*

Korean Heavy and Chemical Industry Drive(《工业化与国家：韩国重化工业驱动》), Cambridge, MA: Harvard Institute for International Development.

Westphal, Larry E. and Kwang Suk Kim, 1982, "Korea"(《韩国》), in Bela Balassa and Associates (eds), *Development Strategies in Semi-industrial Economies* (《半工业化经济的发展战略》)(pp. 212 - 279), Baltimore, MD: Johns Hopkins University Press.

World Bank, 1993, *The East Asian Miracle*(《东亚奇迹》), Washington, DC: The World Bank.

Yoo, Jungho, 1990, " The Industrial Policy of the 1970s and the Evolution of the Manufacturing Sector in Korea"(《韩国20世纪70年代的工业化政策与制造业的发展》), KDI Working Paper No. 9017, Seoul, Korea Development Institute.

Yoo, Jungho, 1997a, "The Influence of the World Market Size on the Pace of Industrialization"(《世界市场规模对工业化速度的影响》), *KDI Journal of Economic Policy*(《韩国发展研究院经济政策杂志》), Vol. 19, No. 2, pp. 73 - 157 (in Korean).

Yoo, Jungho, 1997b, " Neoclassical versus Revisionist View of Korean Economic Growth"(《韩国经济增长的新古典主义和修正主义观点》), Development Discussion Paper No. 588, Harvard Institute for International Development, Harvard University.

Yoo, Jungho, 2012, "The Myth about Korea's Rapid Growth"(《韩国高速增长的神话》), in Young B. Choi (ed.), *Institutional Economics and National Competitiveness* (《制度经济学与国家竞争力》)(pp. 154 - 166), London: Routledge.

Yoo, Jungho, 2017, "Korea's Rapid Export Expansion in the 1960s: How It Began"(《20 世纪 60 年代韩国出口的高速扩张:缘何而起》), *KDI Journal of Economic Policy*(《韩国发展研究院经济政策杂志》), Vol. 39, No. 2, pp. 1 - 23.

Yoo, Yoon-Ha, 2008, "The East Asian Miracle: Is It Export-led or Investment-led?"(《东亚奇迹:是出口主导还是投资主导?》), Working Paper 08 - 07, Seoul, KDI School of Public Policy and Management.